共同富裕视角下社会工作与社区治理的创新实践

梁其英◎著

中国商务出版社

·北京·

图书在版编目（CIP）数据

共同富裕视角下社会工作与社区治理的创新实践 /
梁其英著. -- 北京 : 中国商务出版社, 2024. 8.
ISBN 978-7-5103-5438-0

Ⅰ. D669.3

中国国家版本馆CIP数据核字第20242WE523号

共同富裕视角下社会工作与社区治理的创新实践

梁其英　著

出版发行：中国商务出版社有限公司

地　　址：北京市东城区安定门外大街东后巷28号　　邮　编：100710

网　　址：http://www.cctpress.com

联系电话：010—64515150（发行部）　　010—64212247（总编室）
　　　　　　010—64515164（事业部）　　010—64248236（印制部）

责任编辑：杨　晨

排　　版：北京盛世达儒文化传媒有限公司

印　　刷：宝蕾元仁浩（天津）印刷有限公司

开　　本：710毫米×1000毫米　1/16

印　　张：11.75　　　　　　　　　　　　字　　数：210千字

版　　次：2024年8月第1版　　　　　　　印　　次：2024年8月第1次印刷

书　　号：ISBN 978-7-5103-5438-0

定　　价：79.00元

前言

在人类社会不断追求进步与发展的历程中，共同富裕作为一个宏伟而深远的目标，始终引领着我们的方向。共同富裕不仅关乎经济的繁荣，更关乎社会的公平与正义，是每一个个体对美好生活的共同向往。在这一宏大背景下，社会工作与社区治理的创新实践显得尤为重要，它们是实现共同富裕目标不可或缺的力量。本书正是对这一主题的深入探讨与解析。

本书首先从第一章共同富裕的理念出发，对其进行了当代解读，明确了这一理念在新时代的内涵与价值。共同富裕不仅是物质财富的积累，更是精神文化的丰富和社会关系的和谐。在这一理念下，社会工作被赋予了重要的角色与价值。社会工作作为连接个体与社会的桥梁，通过提供专业的服务与支持，帮助人们克服困难，提升生活品质，进而促进社会的整体进步。同时，也看到了社区治理在共同富裕目标下所面临的新要求与挑战。社区作为社会的基本单元，其治理水平直接影响到社会的稳定与发展。因此，如何在共同富裕的视角下创新社区治理，成了一个亟待解决的问题。

为了更好地指导实践，本书第二章对社会工作与社区治理的基础理论进行了梳理，并对国内外先进理论与实践模式进行了对比分析。通过这一章的学习，读者可以清晰地看到社会工作与社区治理在不同文化背景下的异同，以及各自的优势与不足。在此基础上，笔者提炼出了理论与实践相结合的指导原则，为后续的创新实践提供了有力的理论支撑。

第三章是本书的核心部分之一，探讨了共同富裕视角下的社会工作创新与实践。这一章不仅介绍了社会工作方法的创新探索与实践应用，还详细阐述了社会工作介入社区治理的路径。从社区需求分析与评估，到建立有效的沟通与合作机制，再到社区动员与居民参与，每一个环节都进行了深入的剖析。同时，也关注了社会工作队伍的能力建设与专业培训，以及社会工作与社区资源的整合策略等关键问题。这些内容的探讨，对于提升社会工作与社区治理的效能具有重要的意义。

第四章聚焦于社区治理的现代化与数字化进程。随着科技的飞速发展，社区治理也面临着新的机遇与挑战。如何利用数字化与智能化技术提升社区治理水平，如何保障社区治理中的数据安全与隐私保护，这些都是我们需要深入思考的问题。通过对这一章的学习，读者可以对社区治理的现代化转型有一个全面的了解，并对未来的发展趋势有一个清晰的把握。

第五章则主要探讨了社会工作与社区治理的互动关系。社会工作与社区治理是相互依存、相互促进的。社会工作为社区治理提供了专业的服务与支持，而社区治理则为社会工作提供了广阔的实践平台。在这一章中，不仅分析了社会工作在社区治理中的角色定位，还探讨了社区治理对社会工作的需求与推动作用。同时，也构建了社会工作与社区治理的良性互动机制，以期实现两者的协同发展。

最后，在第六章中，对共同富裕视角下社会工作与社区治理的未来进行了展望。当前，社会工作与社区治理还面临着一些瓶颈与挑战，但未来的发展趋势是明确的。我们将看到社会工作与社区治理的深度融合与协同发展，看到其在共同富裕目标下的新机遇。同时，科技创新也将为社会工作与社区治理带来新的发展动力。在这一章中，不仅分析了社会工作与社区治理未来的发展趋势，还提出了具体的应对策略与建议。

本书旨在为政策制定者、实践者及学者提供有益的参考与借鉴，以推动社会工作与社区治理在共同富裕目标下的持续创新与发展。希望通过本书的出版与传播，将有更多的人关注到这一领域的研究与实践，共同为构建更加和谐、美好的社会贡献自己的力量。

在撰写本书的过程中，笔者虽然倾注了大量的心血与努力，但由于水平有限，难免存在疏漏与不足。衷心希望广大读者能够不吝赐教，提出宝贵的意见与建议，以便在未来的研究中不断完善与进步。同时，也期待本书能够成为社会工作与社区治理领域的一本有益读物，为推动该领域的发展贡献一份力量。在此，谨向所有关心、支持本书出版的领导、同事、朋友及家人表示最诚挚的感谢与敬意！

作　者

2024.5

目　录

第一章
共同富裕理念与社会工作的融合

第一节　共同富裕理念的当代解读

一、共同富裕的历史演变

追溯中国历史，古代儒家思想中便蕴含了共同富裕的基本理念。儒家强调仁、义、礼、智、信，以中庸之道调和社会关系。孟子提出"庠序之教，申之以孝悌之道"，强调家庭与社会的和谐，这可视为共同富裕的早期思想，主张通过道德教育和礼乐制度，最终达到群体和谐。所谓"大道之行也，天下为公，选贤与能，讲信修睦"，即为古代理想中的天下大同，社会各阶层皆有其位置，而不至偏安一隅。封建社会中，虽然以强权维持秩序，但其中也不乏追求社会和谐与共同发展的努力，例如均田制的推行，试图缓解土地兼并问题，保障农民的基本生产资料。

近代中国，随着西方工业文明的冲击，传统社会结构发生剧烈变化。鸦片战争后，中国陷入内忧外患，贫富差距显著加剧。在孙中山提出的"三民主义"中，"民生主义"即为共同富裕理念的体现，强调"平准地权"与"平均地权"，希望通过土地改革和工业化促进社会普遍富裕。民族资本主义的萌芽和工人运动的兴起也反映了社会对公平分配的诉求。

新中国成立后，社会主义制度的建立标志着共同富裕发展历程的新阶段。在中国共产党领导下，国家开启了大规模的土地改革和生产资料的公有化。这一时期，人民公社化运动和合作化运动引导农村集体经济的发展，通过统购统销、合作医疗等措施，初步实现了基本生活保障，试图通过国家主导的经济社会变革达到共同富裕。然而，计划经济体制下，生产效率低下，人民生活水平提升有限。

改革开放后，邓小平提出："允许一部分人、一部分地区先富起来，先富带动后富，最终实现共同富裕。"这一政策不仅打破了平均主义桎梏，还推动了经济的快速发展。东部沿海地区率先富裕，大城市迅速崛起，整体国民经济水平显著提升。尽管如此，不平衡、不充分的发展使城乡、区域间的贫富差距扩大，一定程度上偏离了共同富裕的初衷。"橄榄型"社会结构的构建，需要不断协调初次分配与再分配过程，政府也探索通过财政、税收、社保等手段进行有效调节。

进入21世纪，尤其是党的十八大以来，我国经济发展进入新常态。习近平总书记提出"共同富裕"是中国特色社会主义的根本原则之一，强调"全体人民共同富裕基本实现"的目标，不同于单纯的经济任务，而是一种包括各方面的全面富裕。新时代的共同富裕包含四个维度：人的全面发展、社会的全面进步、经济的全面提升和生态的全面改善。在这一背景下，社会工作的定位得到新的提升，成为实现共同富裕的重要手段。比如国家政策中提出的推进精准扶贫、乡村振兴战略等，都是共同富裕理念在不同层面的具体实践，其中必不可少的就是社会工作与社区治理创新实践。

共同富裕的历史演变过程，既蕴含着古代哲学思想的文化根基，又体现了不同时期经济社会条件的现实反映。通过对共同富裕理念在历史长河中的追溯与演变的理解，不仅揭示了其核心价值，还有助于为新时代社会工作与社区治理提供历史借鉴。在理论探讨与实践创新中，必须坚定这一目标，致力于促进社会全体成员的共同发展，在传承历史智慧与适应当代需求之中，不断探索符合实际的共同富裕道路。

二、共同富裕与现代社会的关联

我国的共同富裕理念起源于中国社会主义建设的实践和理论探索，其核心在于实现社会全体成员共享经济发展成果，推动社会均衡发展，实现人人尽其才，各得其所。共同富裕与现代社会的发展密切关联，不仅体现在政策主张和行动纲要之中，也深刻影响着社会结构、经济模式和人民生活的方方面面。

共同富裕理念强调社会公平正义和资源的合理分配。在现代社会中，经济全球化和技术进步带来了空前的发展机遇，但也带来了新的挑战，例如贫富差距的扩大、资源分配的不公平以及社会矛盾的加剧。共同富裕的提出直指这些问题的核心，通过一系列具体的政策和措施，旨在消除贫困、缩小收入差距、增进全民福祉。这与现代社会追求可持续发展的目标高度契合，因为只有在一个公平公正、和谐稳定的社会中，才能实现真正的长期繁荣。

推动共同富裕，需要国家在经济政策上进行深刻的改革和创新。中国在这一方面进行了多层次、宽领域的探索。例如，通过调整税收政策，进一步完善和优化再分配机制，以增加中低收入群体的收入；通过加大对教育、医疗、养老等公共服务的投入，提升公共服务质量和公平性；通过支持中小企业发展和科技创新，创造更多的就业机会和市场竞争活力。这些举措旨在通过经济、社会和制度的共同努力，实现增量财富的合理分配和存量财富的再分配。

现代社会高度依赖于市场经济，但市场并不能完全解决资源分配的公平性问题。这里，共同富裕理念引入了政府和社会的协调作用，强调政府在资源再分配中的调节作用，以及社会力量在公共服务和社区治理中的重要地位。在房地产、医疗、教育等领域，通过政策调控和服务优化，有效缓解和消除社会矛盾。此外，非政府组织、社区组织等社会力量，通过积极参与社会工作和社区治理，促进社会资源的合理配置和共享，推进社会和谐和稳定。

共同富裕理念还特别强调生态文明建设，倡导绿色低碳的发展模式。在现代社会，高强度的经济活动带来了严重的生态环境问题，如气候变化、环境污染和资源枯竭等。共同富裕要求经济发展与环境保护并重，采取更加科学合理的资源利用和环境保护策略，推进产业结构优化和绿色技术创新，努力实现经济效益与生态效益的双赢。这不仅是对自然资源的合理利用和保护，也是对人类社会未来可持续发展的保障。

共同富裕理念在人际关系和社会文化中具有深远的影响。在现代社会，随着城市化进程的加快，社会关系和社区结构越发复杂，人际交往和社区归属感逐渐弱化。共同富裕提倡互助友爱、和谐共生的社会文化，倡导和谐人际关系的建立和社区共同体的构建。在实际操作中，这体现在通过社会工作者的积极介入，推动社区服务的完善，增强社区成员之间的互助合作意识，提升社区凝聚力。此外，通过多样化的文化活动和社会参与，丰富社区生活，营造积极向上的社会氛围，从而提升全民共同参与、共同发展的动力和信心。

共同富裕理念的深入推行还需要全面的法治保障和制度创新。现代社会是一个法治社会，任何政策的实施都离不开法律和制度的有力保障。为了实现共同富裕，有必要在法律法规、政策制度上作出相应调整和创新。例如，制定并实施更严格的反垄断法和反不正当竞争法，维护市场公平竞争；出台更加全面的劳动保障法，保护劳动者权益；完善社会保障体系，实现全民基本生活保障；健全产权保护制度，鼓励创业创新。这些都是在法治框架下推进共同富裕的重要路径。

三、共同富裕理念对社会工作的启示

共同富裕理念深入人心并非一朝一夕的结果，而是源自政府和社会各界长期推行的经济和社会政策的逐步演变。共同富裕的核心在于所有社会成员能够分享经济发展的成果，实现全体人民的共同发展。这一理念不仅涵盖物质财富的公平分配，还包括教育、医疗、公共服务等各方面的均等化。在共同富裕理念的指引下，社会工作作为一种专业的实践活动，肩负起变革和创新的重要使命，通过多种形式和渠道，推动社会的公平正义，实现社区治理的共同发展。

社会工作作为一种专业服务，其核心使命是提升个体、家庭及社区的幸福感和生活质量。这与共同富裕理念中的众生平等、机会均等、促进社会和谐等目标高度契合。社会工作在具体实践过程中所推崇的人本思想和个案工作的重要性，对于落实共同富裕的相关政策具有重要的借鉴意义。一方面能够通过直接介入，帮助弱势群体提升自身能力，改善生活质量；另一方面也可以通过倡导和推动制度改革，解决深层次的结构性不平等问题。而这种平等和社会正义的理念，与共同富裕理念是一脉相承的。

共同富裕不仅是经济上的富裕，更是社会政策和服务的全面改善。社会工作领域的创新实践可以在心理支持、教育辅导、职业培训、社区建设等多方面发力，直接服务于弱势群体和需要帮助的个人。通过个案工作和社区工作，逐步降低社会不平等，为共同富裕打下基础。社会工作者在实际操作中，可以通过建立个人与社会资源之间的桥梁，提高人们获取资源和自我提升的能力，也即所谓个人赋权。同时，倡导政策的公平性和透明度，确保资源配置的公正化，使得社会的每一个成员都能公平地分享经济发展的成果，这也是共同富裕理念的核心所在。

在中国，社会工作专业起步较晚，但发展迅速，其关注的对象和领域不断扩展，包括社会救助、儿童保护、老人照顾、心理咨询等。在共同富裕理念的指导下，社会工作的重要性越发凸显。通过专业的社会工作服务，可以有效地改善弱势群体的生活条件，提高贫困人口的生活质量，避免社会分层固化。在社区治理中，社会工作专业方法有助于增强社区成员的归属感和参与感，帮助社区形成更为紧密的社会网络和互助体系。而这正是共同富裕理念在社区层面的具体体现。

共同富裕理念的实现离不开科学有效的政策支持和社会服务体系的构建。社会工作作为社会服务体系的重要组成部分，其在推动政策落实、调解社会矛盾、化解冲突方面具有独特的优势。通过政策倡导和社会动员，社会工作者可以有效地提升公众对共同富裕理念的理解和认同度，形成良好的社会环境和舆论氛围，促进社会各界力量共同参与到社会治理和共享发展的过程中来。社会工作者在这个过程中，扮演着沟通者、协调者、支持者等多重角色，在政策和实际操作之间架起桥梁，推动共同富裕理念在具体工作中的实施。

共同富裕理念不仅是物质层面的共享，更是在精神文化层面的共同进步。社会工作在这一领域也能发挥积极作用，通过社会教育和文化活动，推动公共文化服务的均等化，实现居民素质和社会风尚的共同提升。通过各种形式的文化活动，培育和弘扬社会主义核心价值观，增强社会成员的文化自信和民族自豪感，营造积极向上的社会氛围。这种精神层面的共同富裕，是物质富裕的延伸和升华，是社会和谐发展的重要内容之一。

在政策落实过程中，社会工作者的专业服务和实践创新能够为共同富裕理念提供强大的推动力。在实际操作中可以通过资源链接、项目策划、政策倡导等方法，推动社区服务和社会福利事业的发展，提高社区成员的生活质量和幸福感。同时，社会工作者通过开展调研、评估，了解社区和群体的实际需求，制定符合实际情况的服务计划和干预措施，从而提高服务的针对性和有效性。

共同富裕理念为社会工作的发展注入了新的动能，而社会工作的专业服务和创新实践，则为共同富裕理念的实现提供了坚实的基础。通过两者的有机融合，共同富裕的美好愿景定能实现。

第二节　社会工作在共同富裕中的角色与价值

一、社会工作的基本原则与价值取向

社会工作作为一种富有专业性和实践性的重要社会活动，通过其固有的基本

原则与价值取向，在推动共同富裕的过程中发挥了不可忽视的作用。要深刻理解和把握社会工作在共同富裕中的角色与价值，首先需要深入探讨社会工作的基本原则与价值取向。这是因为任何具体的社会工作实践和创新都必须以一定的基本原则和价值取向为指导，并在此基础上才能真正为实现共同富裕服务。

社会工作的基本原则首先强调以人为本的理念。以人为本的原则要求社会工作者在工作中始终把人放在中心位置，不仅关注人的基本生存需要，更加注重人的全面发展和个人尊严。以人为本的理念不仅体现在物质救助和服务中，更体现在对服务对象尊严和权利的尊重与维护中。这种原则在推动共同富裕的进程中显得尤为重要，因为只有在尊重个体差异和需求的基础上，才能充分调动每个人的积极性，最大限度地激发人的潜力和创造力，从而促进社会的全面发展。

社会工作的基本原则还包括权利公平与正义。社会工作的一个核心任务是帮助社会中的弱势群体，同时倡导社会公平与正义，从而实现全社会资源和机会的合理分配。在推动共同富裕的进程中，只有通过权利的公平分配和社会正义的实现，才能有效地缩小贫富差距，避免社会矛盾的激化。这意味着在实际工作中，社会工作者必须通过各种方式，帮助弱势群体提高其获得社会资源和机会的能力，倡导适当的政策和措施，推动社会制度的完善和调整，为实现共同富裕提供坚实的保障。

社会工作的另一重要原则是服务的专业性和科学性。这一原则要求社会工作者不仅要有高度的专业知识和技能，还必须以科学的态度和方法来解决实际问题、提供服务。服务的专业性表现在社会工作者需要具备诸如心理学、社会学、经济学等多学科的知识背景，并且能够结合具体情况灵活运用；服务的科学性则要求社会工作者在工作中既要遵循科学的理论和方法，又要进行不断的探索和创新，以提高服务的有效性和科学性。在推动共同富裕的进程中，社会工作的专业性和科学性可以确保服务的精准性和有效性，使解决社会问题的方式更加系统和全面，提高资源的利用效率和效果，实现共同富裕的目标。

此外，社会工作的基本原则还包括人文关怀与伦理道德。社会工作不仅是一种技术性活动，更是一种充满人文关怀的事业。社会工作者在服务过程中需要体现出对服务对象的关爱、理解和支持，以真诚的态度和行动帮助他们解决问题、提升生活质量。同时，社会工作也必须遵循一定的伦理道德标准，确保每一个决策和行动都符合道德要求，维护服务对象的利益和尊严。这种人文关怀和伦理道德在推动共同富裕的过程中具有重要作用，它能够有效地提升社会凝聚力和信任感，为实现共同富裕提供良好的社会环境和氛围。

社会工作与共同富裕的紧密结合，通过其基本原则的真诚践行，在社会的各个层面产生深远的影响。在这一过程中，社会工作的长期性和持久性也显得尤为重要。对社会工作的基本原则与价值取向的尊重和贯彻，不仅能够应对当前的社会问题，还能为未来的社会发展积累宝贵资源和经验，使全社会的进步和富裕变得可持续。通过多方合作和共同努力，社会工作的基本原则与价值取向将在实现共同富裕的道路上起到不可替代的指导和推动作用，为构建和谐、稳定、繁荣的社会作出贡献。

二、社会工作在促进社会公平中的作用

社会公平是一个社会文明和谐的重要标志，它关乎全体社会成员的尊严、权利和义务。一个社会的公平程度直接影响着社会的稳定和发展。而社会工作一直以来都在积极致力于促进社会公平，为弱势群体提供支持和服务，并推动社会资源的合理分配和使用。

社会公平既包含机会公平，也包括资源公平和结果公平。机会公平意味着每个人拥有平等的发展机会，无论是教育、就业还是参与社会公共事务的机会；资源公平则要求社会资源的分配相对均衡，使每个公民都能够享受到基础的社会福利；结果公平关注的是社会最终结果的公正性，确保不同群体在享受社会发展的成果时相对均衡。社会工作在这三个层面都有着重要的作用和价值。

在机会公平方面，社会工作者通过教育和培训项目，帮助弱势群体获得平等的发展机会。很多弱势群体因为贫困、文化背景、歧视等原因无法享受到平等的教育和就业机会。社会工作者通过开展社区教育项目，提供职业培训和就业辅导，帮助他们提升技能和竞争力，从而增加其就业机会和收入水平。例如，针对农民工子女的学前教育和课后辅导计划，可以有效弥补家庭教育资源的不足，为这些孩子未来的发展打下坚实基础。通过协助失业者进行职业技能培训和就业指导，可以帮助他们重新进入劳动市场，实现自我价值。

在资源公平方面，社会工作者通过调研与政策倡导，推动社会资源更加公正合理地分配。资源不公平的背后往往是信息不对称和政策不完善，这需要社会工作者发挥桥梁作用。通过深入社区调研，了解各类群体的实际需求，向政府和社会传递真实的民情民意，进而推动针对性的资源调配和政策制定。例如，某些偏

远地区的基础设施建设和公共服务资源可能不足，社会工作者可以通过调研发现这一情况，并通过政策倡导推动政府增加对这些地区的投入，从而改善当地居民的生活条件。此外，社会工作者还能够协调社会组织和企业的资源，发起社会救助和公益项目，为贫困家庭和灾区群众等提供生活保障和紧急援助。

在解决结果不公平方面，社会工作者通过提供个案服务和个性化支持，直接干预和调解因不公正而产生的问题与冲突。每个个体都有其独特的背景和需求，社会工作者通过一对一的个案服务，与服务对象建立信任关系，提供心理支持、法律援助、社会资源链接等服务，帮助他们解决具体的困难和问题。例如，对于因残疾或重病而导致家庭贫困的案例，社会工作者可以帮助其申请政府补贴，联系公益组织提供医药费援助，并提供心理支持和家庭关系咨询，帮助家庭成员共同面对困难。

社会工作在倡导社会公正和消除歧视方面也发挥着重要作用。社会工作者通过教育和宣传，提升社会成员的公平意识和反歧视观念。例如，通过开展反歧视主题讲座和工作坊，宣传平等和多样性价值观，改变公众对弱势群体的刻板印象和误解。社会工作者还可以通过建立和谐包容的社区环境，促进邻里互助和理解，减少社会冲突和对立。通过这样持续的社会教育和倡导，可以在全社会范围内营造一种更加公平和公正的社会氛围。

社会工作还在推动法律和制度的完善方面起着不容忽视的作用，推动更加公平和公正的法律框架，是实现社会公平的重要步骤。社会工作者通过对法律政策的研究与分析，指出现有法律在实际执行中的不足和漏洞，向立法机关提供改进意见，推动制定和修订更加公平公正的法律法规。以残障人权利保障为例，社会工作者通过个案调研和政策分析，指出医疗、就业等方面的法律缺失，推动出台和完善相关法律法规，保障残障人士的基本权利和福利。

社会公平的实现不仅依赖于宏观政策的调控，更多时候需要依靠社会工作者在基层的实际行动和努力。社会工作者通过理念传播、服务提供、资源链接和政策倡导等多种手段，积极参与到社会公平的建设中，为构建和谐、公正的社会贡献智慧和力量。社会工作在促进社会公平中的作用是多层次、多方面的，这离不开社会工作者对社会的深入理解和长久的实践探索。社会工作者不仅需要具备专业知识和技能，还需要有强烈的社会责任感和使命感，才能在实践中真正起到促进社会公平的作用。

通过以上各个层面的努力，社会工作在促进社会公平、减少社会不公中发挥了重要且不可替代的作用。社会工作者用实际行动践行着社会公平的理念，为建设一个更加和谐、公正的社会不断努力。他们的工作不仅为每一个受助者带来了希望和改变，也为整个社会的长远发展奠定了坚实的基础。

三、社会工作在实现共同富裕中的具体案例

社会工作在实现共同富裕中的具体案例展示了在国家倡导共同富裕的大背景下，社会工作所发挥的独特作用和不可替代的价值。一方面，共同富裕不仅强调经济发展和物质分配的公平，还关注社会治理体系的完善和人民群众生活质量的全面提高。另一方面，社会工作作为专业服务和实践领域的重要组成部分，在实现这一目标过程中发挥了关键作用。

首先，在贫困地区的扶贫工作中，社会工作者不仅为贫困群体提供物质援助，还通过社区动员、发展计划、心理辅导等多种手段，帮助他们从根本上摆脱贫困。例如，在某些农村地区，社会工作者通过深入调研了解村民需求，推动当地建立合作社，发展有特色的农业产业，如种植经济作物或发展生态旅游。这不仅提高了村民的收入水平，还培育了村民自我管理和组织能力。通过这样的实践，乡村的经济结构更加多元化，村民的生活质量得到了显著提升。

另一个值得关注的领域是在城市社区治理中，社会工作通过开展社区服务、建立社区组织、推动社会参与等多种方式，促进城市社区的和谐与稳定。一些地方的社区工作者通过建立居民委员会，集合居民的意见和建议，协调与政府部门及物业公司的关系，解决了社区内长期存在的环境卫生、治安、物业管理等问题。在此过程中，社会工作者不仅是问题的发现者和解决者，更是居民与政府、企业之间的桥梁和纽带，增强了居民的自治意识和归属感，提升了社区的整体凝聚力和公共服务水平。

在老年人服务领域，社会工作者通过整合资源开发和提供个性化服务，帮助广大老年人群体过上幸福安康的晚年生活。某些地区的社会工作者联合医疗机构、社会组织和志愿者团队，开展健康体检、居家护理、康复治疗等服务，为老年人提供了一体化的健康服务体系。此外，他们还组织了丰富多彩的文体活动，

如学习班、联欢会、健身操等，满足老年人多样化的精神文化需求，使得老年人的生活更加充实和有意义。社会工作者通过这些实际行动，不仅是关心老年人的日常起居，更关注他们的心理健康和社会参与，帮助他们更好地融入社会，提高生活的质量和幸福指数。

在青少年发展领域，社会工作同样发挥着不可忽视的作用。在某些城市，通过建设青少年活动中心和提供心理辅导、职业教育等服务项目，社会工作者帮助青少年正确认识自己，树立积极的人生观，明确职业规划。例如，某地的青少年活动中心开设了一系列的职业教育课程，邀请专业人士进行职业指导，让青少年了解不同职业的特点和发展前景，帮助他们制定合理的职业规划。这不仅有助于减少青少年失业和犯罪率，还提升了他们的社会适应能力和社会责任感。

在残障人士服务领域，社会工作者通过开展个性化的康复训练、就业辅导和社会融入计划，帮助残障人士重建生活信心，实现人生价值。例如，在某些地方，社会工作者联合相关机构开设了手工工艺制作班，帮助残障人士学习手工技能，通过售卖自己的作品获得收入。同时，他们还为残障人士提供心理辅导和家庭支援，帮助他们克服自卑和社会孤立感，提高个人和家庭幸福感。这种综合性的服务使得残障人士不仅提高了自立能力，还在社会中找到了自己的位置，实现了个人价值与社会价值的统一。

在灾后重建和应急管理领域，社会工作者同样扮演了重要角色。某些地区在遭受自然灾害后，社会工作者迅速介入，提供心理扶助、物资分发、安置协调等服务，帮助灾民尽快恢复正常生活。通过组织志愿者力量，社会工作者不仅直接提供了大量的实际援助，还通过社区动员和资源整合，提升了社区整体的应对和恢复能力，这种行动也在一定程度上提高了社会的危机管理水平和灾后重建效率。

通过分析这些具体案例，可以看到社会工作在实现共同富裕中各方面的深度参与和全方位服务。社会工作的价值不仅体现在解决具体问题上，更体现在其所倡导的专业理念和服务模式，这些理念和模式在不同区域和领域的应用，推动了共同富裕理念的落地和实施。未来，不论是城市还是农村，不论是老年人、青少年、残障人士还是普通群众，社会工作必将在实现共同富裕的道路上持续发挥其独特的角色和价值。

一、社区治理的内涵与意义

社区治理作为一种综合性、多维度的治理模式，已经成为推动社会进步和实现共同富裕的重要机制。在现代社会结构不断变化的背景下，社区治理的内涵与意义也随之丰富和深化。社区治理不仅仅是简单的基层行政管理，它涵盖了社会建设、经济发展、环境保护、公共安全、文化传播等多个方面，体现出一种集权、合作、共享的治理理念。

从内涵层面看，社区治理是一种包容性的、协同的治理结构。它强调多元主体的参与，包括政府、企业、非营利组织、居民等，通过各方合作，共同解决社区面临的各种问题。社区治理不仅依赖政府的主导作用，也重视居民的参与和自主性，鼓励居民自我管理、自我服务、自我教育、自我监督。这种治理模式要求各方资源和力量的整合，以促进公共利益的最大化，并在此基础上形成一种和谐、有序的社会关系网络。

社区治理的内涵还涵盖了治理的目标和路径。治理目标不仅包括维护社会秩序和公共安全，还包括增进居民福祉和社区凝聚力。具体路径则体现在制度创新、服务升级、资源整合、社会动员等多方面。通过制度创新，可以建立起一套完善的社区管理制度，确保各项治理措施落实到位。服务升级则要求不断提高社区服务质量，以满足居民日益增长的需求。资源整合通过优化配置各种社区资源，形成资源共享的格局。社会动员通过加强社区文化建设、增进居民间的交流互动，增强居民的参与意识和责任感。

从意义层面看，社区治理是一种实现社会公平、促进社会进步的重要手段。它有助于缓解社会矛盾、提升社会包容性和协调性，促进社会和谐。通过社区治理，可以有效解决基层社会的各种问题，如就业、教育、医疗、养老等，提升居民的生活质量。同时，社区治理也是推动社会创新的重要平台。它为新技术、新模式、新理念的应用和推广提供了实验场所，成为社会变革和发展的引擎。例如，智慧社区的发展就是社区治理与现代科技结合的产物，通过信息化手段提升治理效率和服务水平。

社区治理还具有增强社会资本的意义。社会资本是一种无形的资源，它包括信任、网络、规范等，通过社区治理，可以建立起良好的社会关系网络，增强居民间的信任和合作，形成一种积极、向上的社区文化氛围。社区作为居民日常生活的重要场景，是社会资本积累的重要场所。通过有效的社区治理，可以增强居民的归属感和认同感，促进他们积极参与社区事务，形成共建、共治、共享的良性循环。

另外，社区治理具有促进基层民主建设的意义。社区是基层民主实践的重要舞台，通过社区治理，可以推动民主决策、民主监督和民主选举等机制的健全和完善。实践证明，通过社区治理提升居民的民主参与意识和能力，可以有效促进基层治理的民主化和法治化，形成一种良好的治理生态。

在当前的社会背景下，社区治理面临许多新的要求和挑战。这些要求和挑战主要来自以下几个方面。首先，社会结构的变化，人口流动加剧、新市民群体增多、老龄化加深，这些变化要求社区治理模式不断适应新的社会需求。其次，技术进步的推动，信息技术、互联网、大数据等新技术的普及，为社区治理提供了新的手段和工具，但也对治理能力提出了更高的要求。此外，社区治理还面临资源分配不均、公共服务供需失衡等现实问题，这些问题需要通过创新治理机制和方法来解决。

二、当前社区治理面临的主要挑战

当前社区治理面临的主要挑战，既是现代化治理体系和治理能力建设的重要内容，也是实现共同富裕过程中不可忽视的一环。社区治理不仅涵盖了资源配置、服务管理、居民自治等传统领域，还因社会结构的变迁、经济发展的需求和居民的多样化需求而不断演变和复杂化。

首先，社区治理论及实践中的最大挑战之一是资源分配的不公平。在许多社区，资源的不均衡使得一些社区享有丰富的公共设施和福利，而另一些社区面临基础设施陈旧、公共服务供给不足的问题。这种资源分配的不公平不仅导致社区居民的生活质量存在较大差距，还容易引发社会不平等和社会矛盾。社区治理需要在这个过程中不断探求如何通过制度设计、政策调整和社会保障等措施，合理配置资源，推动资源的均等化和共享化，实现公平公正的资源分配。

人口流动和结构变迁也给社区治理提出了新的要求和挑战。随着城市化进程的加快，人口流动性增强，尤其是在大城市，流动人口比例显著提升。一方面，流动人口在城市生活和工作会带来新的生机与活力；另一方面，流动人口的管理、服务和融入也成为社区治理中的难点。如何在尊重流动人口权益的基础上，合理有序地管理和服务这部分人口，并促进其融入社区，使其成为社区的积极贡献者，是社区治理的一个重要挑战。同时，社区内人口结构的老龄化和少子化趋势也对公共服务供给、社会保障和社区照护等方面提出了更高的要求。这需要社区治理不断创新，通过社区养老服务、健康管理和老年友好型社区建设等措施，满足不同群体的需求。

公共安全问题是社区治理中的另一个重大挑战。由于社区内居民背景、兴趣和需求的多样化，有时会产生各种矛盾和冲突，影响社区的和谐稳定。尤其在大城市，社区的复杂性更高，安全隐患也随之增加。治安管理、防火防灾、公共卫生等问题时时困扰着社区的管理者和居民。如何通过社区警务合作推动社区居民的共同参与，以及利用科技手段提升社区安全水平等方面，实现社区的安全管理和风险防控，是社区治理中亟待应对的重要挑战。

社区居民的参与度和社区自治能力不足，也是当前社区治理的重要挑战之一。社区居民是社区治理的主体，其参与度和自治能力直接决定了社区治理的效果。然而，现实中，很多社区居民由于各种原因，参与社区公共事务的积极性不高，自治能力较弱，缺乏主人翁意识。这种情况不仅削弱了社区治理的效果，也不利于社区的长远发展与和谐稳定。如何激发居民参与热情、提升社区自治能力，使更多居民主动参与社区治理、成为社区的建设者和管理者，是社区治理中的重要课题。

此外，社区治理过程中，还面临着公共服务供需矛盾和服务质量的问题。社区公共服务涵盖了教育、医疗、文化、体育、社会保障等多个方面，是社区居民日常生活的基本保障。然而，随着居民需求的多样化和不断增加，社区公共服务供需矛盾日益突出。一些社区在公共服务供给上存在短板，无法满足居民的期望和需求，而服务质量的提升又需要更多的投入和管理创新。如何通过优化公共服务供给模式，提高服务质量，实现社区居民的公共服务均等化和多样化需求，是社区治理中亟须解决的难题。

社会心理健康也是社区治理中新出现的挑战。随着经济社会的快速发展和竞争压力的增加，居民心理健康问题日益突出。抑郁、焦虑、孤独等心理问题在社区中普遍存在，影响着居民的生活质量和社会和谐。社区治理不仅要关注居民的物质需求，还要重视其心理健康，通过心理咨询服务、社区活动、邻里互助等方式，建立和谐友好的社区环境，提升居民的心理健康水平和幸福感。

科技发展对社区治理带来的机遇与挑战并存。互联网、大数据、人工智能等技术的发展，为社区治理提供了新的工具和手段，通过智慧社区的建设，可以更高效地管理社区事务，提升服务水平。然而，科技发展也带来了新的问题，如信息安全、隐私保护、技术鸿沟等。如何在社区治理中合理应用新技术，既提升治理效能，又保障居民的权益，是一个需要深入研究和实践的重要课题。

社区治理作为社会治理的重要组成部分，是实现共同富裕、构建和谐社会的重要保障。面对上述挑战，需要政府、社区组织、社会力量以及全体居民的共同努力，通过制度创新、政策调整、技术应用和社会动员等多方面的综合举措，不断提升社区治理水平，推进社区治理现代化，实现人民群众对美好生活的向往。

三、新时期社区治理的创新需求

新时期社区治理的创新需求源于当今社会结构的逐步变化以及居民需求的多样化。社区作为社会的基本单元，既是社会政策落地的重要平台，也是居民日常生活的重要场所。随着城市化进程的加快，社区治理面临着前所未有的挑战，对其创新需求显得尤为迫切。

第一，人口流动性增加给社区治理带来了新挑战。在过去几十年里，中国的快速城市化进程导致大规模的人口迁移，尤其是农村人口向城市的流动。这种大规模的迁移导致社区内的居民构成变得更加复杂和多样，传统的社区治理模式无法适应这种变化。新时期的社区治理需要创新的方法来应对人口流动性带来的问题，特别是在资源分配、公共服务和居民协商机制上要有新的突破。为了更好地满足多样化的居民需求，社区服务需要更加精准化和人性化，保证每个群体的利益和需求都能得到充分考虑和满足。

第二，社会老龄化的问题也使得社区治理面临新的压力和挑战。随着老龄化的不断加剧，社区中老年人口比例逐步上升，如何提供优质的老年服务体系和环境成为社区治理的一大难题。当前，需要探讨建立多层次、多样化的养老服务模式，比如发展社区养老服务，建设老年友好型社区，提供适合老年人的医疗、保健和文体活动。通过推动社区老龄服务专业化和标准化，提高老年人的生活质量，让老人们居有所安，乐有所养。

第三，社区治理还面临着技术发展带来的新机遇和挑战。随着信息技术的不断发展，特别是互联网、物联网和大数据技术的推广应用，社区治理模式正发生深刻变化。借助现代信息技术，可以实现社区服务的智能化、精准化和高效化，但同时也面临隐私保护、安全保障等一系列新的问题。社区治理需要建立现代化的信息管理平台，利用大数据分析居民的需求，提供个性化、多样化的服务，同时必须建立健全的信息安全保护机制，防止居民个人信息被不法分子利用。

第四，在新时期，社区治理需要加强居民的参与和协作。传统的自上而下的治理模式无法真正满足居民的多样化和个性化需求。为了实现有效的社区治理，需要采取自下而上和自上而下相结合的治理模式，鼓励居民积极参与社区事务，形成共建共治共享的治理格局。居民参与不仅有助于提高社区居民对社区事务的关注和认同感，还有助于充分发挥居民的智慧和力量，提升社区治理的质量和效率。可以通过建立社区议事会、居民代表会等形式，让居民在社区事务的决策、实施、监督等环节中发挥积极作用，实现社区治理的民主化和透明化。

第五，社区文化建设也是新时期社区治理的重要任务。文化是一个社区的灵魂，是凝聚人心的重要力量。通过建设具有特色的社区文化，可以增强社区居民的归属感和凝聚力，促进邻里互助和谐。文化建设需要结合社区的历史、资源以及居民的特点，打造丰富多彩的社区文化活动和设施，如社区文化节、志愿者服务、文艺表演等，通过这些活动促进居民之间相互了解和沟通，形成和谐共处的社区氛围。

第六，社区治理还需要注重应急管理能力的提升。现代社会面临着各种自然灾害和突发公共事件的挑战，社区是应对这些突发事件的第一道防线。社区需要建立健全应急响应机制，提升居民的防灾减灾意识和能力，储备必要的应急物资，培养应急管理队伍，确保在突发事件发生时能够迅速反应，最大限度减轻灾害损失，保障居民的生命财产安全。同时，定期开展应急演练，提高社区居民的应急自救能力，使社区成为一个应急能力强、抵御风险能力高的坚实堡垒。

第二章
社会工作与社区治理的理论框架及实践指导原则

第一节　社会工作与社区治理的基础理论

一、社会工作的基本概念

作为一门社会科学，社会工作旨在助力个体、群体和社区实现更良好的社会功能和幸福生活。这一概念不仅仅限于表面意义上的帮助他人，而是建立在一套系统、全面的理论与实践框架之上的。

社会工作通常被定义为一种以科学知识为基础并兼具艺术性的专业活动，其目标是通过系统化的干预措施来解决社会问题，提升个人和群体的社会适应能力，以及促进社会公正和全民福祉。社会工作者的核心使命是通过评估、计划、干预和评估的循环过程，帮助服务对象提高自我解决问题的能力，并实现优化的生活状态。

理解社会工作的基本概念，首先要明确其服务的对象和领域。社会工作涵盖的对象包括个人、家庭、群体和社区，作用的领域则广泛分布于教育、医疗、司法、劳动、社会福利等各大社会系统内。例如，在面对个体问题时，社会工作者可能会提供心理支持、资源链接、危机干预等服务；在面对家庭问题上，他们会介入家庭关系调适、扶助和家庭功能恢复等方面的工作；在面对群体与社区时，社会工作者则可能关注社区动员、公共资源分配、社区建设等内容。

其次，社会工作的功能和目标是理解其基本概念的重要方面。社会工作的主要功能包括恢复和增进个体与群体的社会适应能力、预防社会问题和疾病以及促进社会公平与正义。这些功能的实现需要依赖于伦理规范、法律依据和专业技能等支持。在具体实践中，社会工作者遵循的一些核心价值观和伦理原则，如尊重人的尊严和权利、自决、保密、社会公平等，都为其工作提供了行动指南和道德基础。

社会工作离不开一套科学的方法体系。这些方法主要包括个案工作、小组工作和社区工作，这三大方法分别在不同的情境下适用于不同的服务对象和目标。个案工作以个体为中心，强调通过与服务对象建立专业关系来评估其需求和问题，从而提供个性化的支持和干预。小组工作的重点在于通过群体动力的作用，使成员彼此支持和互助，共同解决问题和应对挑战。社区工作则立足于社区整体，通过增强社区资源、促进居民自治等手段，提升社区的综合能力和生活质量。专业知识和技能是社会工作者有效开展工作的基础。社会工作者应具备丰富的社会学、心理学、管理学等多学科知识，同时需要掌握社会工作特有的评估、干预和研究方法。此外，全程的伦理意识和价值观引导也是不可或缺的。加强对服务对象的尊重、理解与支持，践行文化多样性和社会正义的原则，都是社会工作者在实际工作中必须坚守的准则。

社会工作强调理论与实践的有机结合。在实际工作中，社会工作者不仅需要具备扎实的理论基础，还应善于将理论转化为具体的操作策略，从而有效解决服务对象的实际问题。比如，在社区治理中，社会工作者需要运用社区工作理论，通过社区调查、社区访谈、需求评估等方法，制定具体的干预计划，并与社区居民和其他社会力量合作，共同推动社区发展的目标。

社会工作的发展与社会环境和需求的变化密切相关。在现代社会中，社会工作的内容和形式不断更新和发展，以适应多变的社会需求。当前，社会工作正面临着诸如人口老龄化、社会贫困、精神健康、环境保护等新兴议题，这要求社会工作者不仅需要保持专业技能的精进，还要具备敏锐的社会洞察力和创新精神，以应对各种复杂的社会问题。

在社会工作中，社会公正和公平是一个不可忽视的重要议题。社会工作者致力于消除社会不公，推动社会制度和政策的优化，通过倡导和社会行动来改善不公平/公正的社会条件。他们不仅关注个体和家庭的微观层面问题，也在更大范围内推动社会变革，努力实现社会公平和公正的目标。

二、社区治理的基本概念

社区治理是当代社会管理的核心领域之一，是实现社会和谐、推动经济发展、提高居民生活质量的重要手段。社区治理的基本概念涉及多个层次和多元主体的参与，包括政府、社会组织、社区成员以及企业等在内的各方力量。这一复杂的多维互动体系，需要通过科学理论和实践指导建立规范与秩序。

社区作为一个基本的社会单元，既是居民生活的集合体，也是社会治理的基本场所。社区治理从字面理解，是对社区内各种事务和关系进行管理与协调的过程，但从深层次理解，它涉及权力的分配、资源的配置、关系的协调以及社会秩序的维护等多个方面。现代社区治理强调多元主体的参与，使得社区事务不再仅仅是政府的职责，还需要依靠居民自治组织、非营利性组织以及其他民间力量共同发挥作用。

社区治理的核心概念之一是居民参与。这不仅是社区治理的基础，也是其最终目标之一。居民的广泛参与能够加强社区成员之间的互动和协作，提升社区凝聚力和居民归属感。通过参与社区规划、公共事务决策和公益活动，居民不仅可以表达自己的需求和意见，还能够监督治理过程，确保社区治理公平透明，全方位保障自身利益。

公共服务是社区治理的重要内容。高质量的公共服务能够满足居民在教育、医疗、养老、环境等方面的需求，提升居民的生活质量和幸福感。政府和社会组织在提供公共服务时，需要根据居民的实际需求，结合科学的数据分析和调查研究，进行合理规划和设计，确保公共服务的覆盖面和有效性。

社区治理中的制度建设是其运行的基础和保障。完善的制度能够规范各方行为，明确权责分工，确保各项治理活动有章可循。社区治理制度通常包括社区自治制度、居民代表大会制度、社区议事规则等。这些制度的建立和健全不仅有助于提高治理的效率和效果，还有助于建立社区内的信任和共识，推动社区和谐发展。

社区文化建设也是社区治理的一个重要方面。富有特色的社区文化可以增强居民的社区认同感，形成独特的社区品牌和形象。社区文化建设包括文化活动的组织、文化设施的建设、文化资源的开发利用等，通过丰富多彩的文化活动，可以提升居民的精神生活质量，促进社区交流与融合。

社区治理需要多方力量的协同与合作。政府在社区治理中承担着领导和管理的职责，需要制定并执行相关政策和法规，指导和支持其他主体开展工作。社会组织和民间力量通常在社区服务、公益活动和居民自治方面发挥重要作用，它们能够弥补政府在资源和服务上的不足，提高社区治理的灵活性和响应速度。企业在社区治理中也有其独特的作用，通过企业的社会责任项目、社区发展基金等形式，能够为社区的发展提供资金和资源支持。

社区治理的技术手段和信息化管理正逐渐成为提升治理水平的重要路径。随着信息技术的发展，大数据、云计算、人工智能等技术开始应用于社区治理，通过智慧社区平台、社区管理系统、居民信息数据库等，实现社区事务的智能化和精细化管理。这些新技术手段不仅能提高治理效率，还能为社区决策提供科学依据，提升服务质量和居民的满意度。

在全球化和城市化进程中，社区治理面临着诸多挑战。社区人口的多样化和流动性、社会需求的多样化和个性化、资源分配的不公平性和有效性不足等都是目前社区治理需要解决的重要问题。在这种背景下，社区治理需要不断创新，探索更加符合现代社会需求的新模式和新路径。通过持续的理论研究和实践探索，找到适应社会变化的治理方法，提升社区治理的水平，使社区真正成为居民幸福生活的家园。

社区治理的基本概念虽然涉及众多复杂的元素和关系，但其核心目标始终是为了实现社区的和谐与发展。通过多元主体的有效参与、科学规范的制度建设、高效优质的公共服务和文化建设，结合现代科技手段，社区治理能够不断提升居民的生活质量与幸福感，推动社会的进步与发展。

三、社会工作与社区治理关系界定

社会工作与社区治理的关系是多维度的，二者在理论和实践层面都有着紧密的联系与互动。社会工作通过其专业技能和服务手段，在社区治理中发挥了重要的桥梁和纽带作用，而社区治理的良好运行又为社会工作的深入开展提供了广阔的空间和平台。在共同富裕的视角下，深化和拓展社会工作与社区治理的互动关系，对于提升社区治理水平，促进社会的和谐发展具有重要意义。在实际操作中，需要不断总结实践经验，探索和创新社会工作与社区治理的有效融合模式，推动二者共同发展。

在理论基础方面，社会工作与社区治理都以促进社会公正、平等和增进人民福祉为核心目标。社会工作理论包括系统理论、人类行为和社会环境理论、危机干预理论等，这些理论强调了个体在其社会环境中的互动立场。而社区治理理论则主要包括公共选择理论、网络治理理论和公共管理理论等，强调治理主体之间的合作、资源的整合与共享。在此基础上，社会工作和社区治理在实践中的紧密联系得以凸显，二者共同依托理论背景来实现对社区问题的综合应对和治理。

在功能角色方面，社会工作者不仅服务于个人和家庭，还积极参与社区层面的服务和资源链接，他们通过组织、协调和实施各类社区服务项目来推动社区的整体发展。社区治理则不仅涉及政策的制定与执行，还需要对社区中各种社会组织和居民进行有效的管理和协调。在这个过程中，社会工作起到桥梁作用，将政府的政策意图和社区居民的需求紧密结合，通过具体项目和活动促进社区建设与发展。

在组织架构方面，社会工作与社区治理的关系在各类社会组织和政府机构中得以体现。社会工作者通常隶属于政府部门、非营利性组织或其他公益机构，他们依托这些组织架构开展各类服务和项目。而社区治理则通常由社区委员会、社区服务中心和社区居民自治组织等构成，负责整体上协调和管理社区事务。社会工作者在这些组织中发挥着专业支持和引导角色，通过他们的专业知识和技巧，提升社区治理的有效性和科学性。

在实际操作方面，社会工作与社区治理的关系更为密切和具体。社会工作者在社区治理中所承担的任务和功能主要包括社会服务供给、需求评估、资源协调、政策宣传和危机干预等方面。他们通过实地走访、组织协调和提供专业服务，解决社区中各类社会问题，如贫困、失业、老龄化、青少年问题等。在实际工作中，社会工作者通过评估社区需求，制定和实施个性化的社区服务计划，并通过多方协调来整合资源，提升资源的利用效率。另外，社会工作者在社区治理中还扮演着监督和评估的角色，通过对政策实施效果的评估，提出改进建议，优化社区治理的策略和方法。

在实践中，社会工作者与社区居民建立密切联系，通过面对面的服务和咨询，了解社区居民的实际需求和困难，并及时提供相应支持。这种互动性和人性化服务方式提高了社区居民的参与感和信任度，使得社会工作与社区治理之间的关系更加紧密和有效。社会工作者还在社区治理过程中倡导和推动居民自己组织活动，通过各种形式激发居民的参与热情，提升社区的自我管理和自我服务能力。

此外，社会工作者在社区治理中的教育和培训功能也不可忽视，通过系列化的教育培训活动，提升社区居民的能力与素质，使他们更好地参与到社区治理中来。社区治理水平的提升不仅依赖于宏观层面的政策支持，更需要居民自身素质和能力的提高。社会工作者通过各类培训课程和活动，帮助社区居民掌握必要的知识和技能，提升他们参与社区治理的能力，从而实现社区治理的良性循环。

第二节　国内外先进理论与实践模式对比

一、社会工作与社区治理的西方理论

社会工作与社区治理在西方有着悠久的历史和深厚的理论根基，这些理论为实践提供了重要的指导和借鉴。社会工作理论从20世纪初期开始发展，主要是基于对社会问题的深入思考，以及对社会福利政策和服务的需求。社区治理理论也在不断发展，关注点从传统的社区管理拓展到更加复杂的社区参与、资源整合和社区自我发展机制。以下将分别介绍社会工作与社区治理的几种主要西方理论及其实践模式。

功能主义理论是社会工作理论发展的一个重要分支，强调社会结构对于个体行为的影响。在这一框架下，社会工作主要被视为协调社会结构和个体需求之间的关系，帮助个体更好地适应社会环境。功能主义理论认为，问题的产生主要是由于个体与社会环境之间的不协调，通过对个体进行社会化教育以及提供社会支持，可以有效解决这些问题。在实践中，社会工作者更多地充当一个桥梁角色，通过链接资源、提供帮助和进行心理疏导，达到帮助服务对象恢复功能、提高生活质量的目的。

人本主义理论则强调个体的自我实现和潜能开发，认为每个人都具有内在的价值和独特的潜力。该理论在社会工作中主张服务对象是一个独立自主的个体，社会工作者的主要角色是帮助服务对象发现和实现自己的潜能，从而提升自我价值感和社会适应能力。人本主义理论在社会工作实践中强调个体参与和自主决策，通过个案管理、心理咨询等方式，帮助服务对象树立自信、解决个人问题，从而实现整体发展。

批判理论是社会工作理论中一个具有较强反叛色彩的分支，其核心观点是批判现有的社会不公和权力结构。该理论认为，社会问题的根源在于系统性的不公平与压迫，社会工作者的任务不仅是帮助个体解决问题，更重要的是通过倡导和行动来推动社会变革，实现社会正义。批判理论在社会工作实践中更多地体现在社区倡导和政策影响上，社会工作者通常通过组织社区活动、开展社会研究和政策分析，来提高公众意识，争取社会资源和政策支持。

系统理论则把社会工作视为一个开放的系统，强调系统内部各要素之间的相互关系及其动态平衡。系统理论认为，个体、家庭、社区和社会是一个相互依存的整体，任何一个部分的问题可能会对整体产生影响。在实践中，社会工作者需综合考虑服务对象的整体环境，通过多方协作和资源整合来制定与实施干预方案。系统理论在社区治理中的应用尤为明显，通过建立多层次的协调机制，促进社区各方主体的有效互动和资源共享，实现社区的整体发展。

协同治理理论是近年来社区治理方面受到广泛关注的重要理论之一。该理论强调政府、市场和社会的多中心合作，通过网络化的治理结构，实现资源整合和利益协调。协同治理的核心理念是通过多方参与和协商，实现共同利益的最大化。在实践中，协同治理强调公众参与和合作机制，通过建立社区议事平台、开展公众咨询和参与活动，来提升社区治理的民主性和透明度。

社会资本理论关注社区内部的信任、合作和互助关系，认为社会资本的积累对于社区发展的意义重大。通过培育社区内的社会资本，增强社区成员之间的信任和合作关系，可以有效提升社区凝聚力和应对能力。社会资本理论在社区治理实践中强调通过社区文化活动、志愿服务和互助网络，来增强社区成员的联系和互动，提高社区的自我治理能力。

社区赋权理论则强调通过增强社区的自主权和发展能力，实现社区的自我发展。该理论认为，社区的核心资源在于社区成员自身，通过增强社区成员的能力和意识，提升社区的自我决策和管理能力，可以实现社区的可持续发展。社区赋权在实践中更多地体现为社区教育和能力建设，通过开展社区培训、建立社区组织和开发社区项目，来增强社区的自我管理和自我发展能力。

二、社会工作与社区治理的东方理论

在东方社会背景下，家庭是社会结构的重要组成部分，家庭观念和集体主义价值观深深影响着人们的行为和社会关系，这与西方强调个人主义和个体权利的社会工作理论有显著的区别。

儒家思想是东方社会文化的核心之一，强调仁爱、礼义、孝道和人际关系的和谐。基于这些价值观，东方社会工作理论注重关系的和谐和社会的稳定，强调通过人际关系的调节和社区共同体的建立来实现社会治理。具体而言，儒家思想中的"仁"强调同情心和共情，通过利益相关者的情感交流与支持来解决社区问题；"礼"则体现为行为规范和社会秩序，通过规范居民的行为来保持社区的和谐与稳定；"孝"则强调家庭价值，鼓励代际间的互相扶持和关爱，构建强大的家庭单位以支持社区发展。

道家思想则倡导顺应自然、无为而治，主张政府和社会工作者在社会治理中要尊重社区的自组织能力和自治能力。道家的"无为"并非不作为，而是强调在治理过程中减少不必要的干预，尊重社区成员的自主性和创造力。通过激发社区成员的内在动力和积极性，促进社区自我管理和自我服务。这种治理模式下，社会工作者更多扮演的是引导者和协调者的角色，而非决策者和执行者，强调从基层进行建设，使社区在其自身动力下实现可持续发展。

佛教文化中的慈悲与智慧也是东方社会工作与社区治理理论的核心要素。佛教提倡慈悲心，对弱势群体的关怀和帮助，强调通过慈悲来缓解社会冲突、改善社会关系；同时，佛教的智慧则要求治理者具备洞察人性和社会问题的智慧，以聪明和理性的方法解决社会问题。这一理念在社会工作中，鼓励社会工作者和社区治理者在面对复杂的社会问题时，不仅要有同情心，也要有理性思考和解决问题的策略，避免简单粗暴的解决方式。

在东方文化背景下，社会治理也讲求"以和为贵"的原则，寻求通过协商与协调解决社区问题。在具体实践中，社会工作者不仅要重视个体层面的援助，还要促进社区成员之间的沟通与合作，增强社区的凝聚力和认同感。通过建立社区议事平台和机制，鼓励社区成员积极参与社区事务，提高社区自治水平。这种协商与协调机制不仅有助于消除社区成员之间的矛盾与冲突，还能够通过民主参与促进社区的共同发展。

此外，东方社会工作与治理理论特别强调社区文化的保护与传承。在面对现代化和全球化的冲击时，保护传统文化和本地特色显得尤为重要。这不仅可以增强社区成员的文化认同感，还可以通过文化资源的发展促进社区经济和社会的发展。例如，通过发展文化旅游、手工艺品以及传统节日活动，既可以提高社区的经济收入，也可以增强社区文化的影响力。社会工作者在这一过程中，扮演着文化传承者和发展者的角色，需要具备丰富的文化知识和敏锐的文化意识。

传统东方医学理念，如中医的整体观念和阴阳平衡理论，对社区治理也有重要启示。中医强调人体的整体性与系统性，以调节人体内部的平衡来治病养生。这一理念也可以应用于社区治理，强调整体社区的健康与平衡，通过系统的调节来解决社区的各种问题。例如，通过整体规划和统筹管理，协调社区的各个方面，提升社区的整体功能和服务水平，确保社区的协调和平衡发展。

在现代社会背景下，东方社会工作与社区治理理论需要结合现代化的发展要求，进行创新性的发展。通过引入现代管理理念和技术手段，如信息化、智能化技术，提升社区治理的效率和服务水平。同时，在应对现代社会的复杂性和多变性时，需要融合传统智慧与现代科学，发展出适应当代社会需求的治理模式和策略。这不仅有助于提升社区的治理能力，也能够彰显东方文化的智慧与价值，为全球的社会治理提供有益的参考和借鉴。

三、国内外社区治理实践案例分析

在分析国内外社区治理的实践案例时，了解不同国家和地区在社区治理方面的具体经验和做法，不仅可以为我们的社区治理提供宝贵的借鉴，也可以使我们更加深刻地理解共同富裕视角下社会工作的重要性和潜力。国内外社区治理存在诸多差异，这些差异不仅反映在具体的操作方式和策略上，更深刻地体现在制度体系、文化背景和社会资源的差异中。

美国是一个高度分权、地方自治的国家，其社区治理的主要特点在于社区的广泛参与和多元治理。在美国，大多数城市和城镇都有自己独立的议会和管理机构，这些机构负责社区的日常运作和管理工作。社区议会由居民选举产生，是代表社区居民意见和利益的组织。社区治理的决策过程通常是开放和透明的，居民有机会通过公共听证会和社区会议参与到治理决策中。一个经典的案例是波士顿市的市政社区治理模式。波士顿市政府在社区治理中引入了"社区发展公司"模式，这类非营利组织致力于社区的经济发展、住房改造、环境保护和教育提升。通过与地方政府、企业和居民共同合作，波士顿市实现了多个旧城区的成功复兴和社区经济的显著提升。

日本的社区治理则有其独特之处。作为一个人口密集、资源相对匮乏的岛国，日本的社区治理强调集体主义和社会网络的重要性。日本的"町内会"和

"自治会"是典型的社区自治组织，这些组织在战后日本社会的重建过程中发挥了关键作用。位于东京的涩谷区是社区治理成功的典范。涩谷区通过实施"社区安全计划"，广泛动员居民参与到社区安全防范、生活环境改善和公共服务提升中。在涩谷区，每个街区都有自己的"防犯圈"，居民协同警方进行安全巡逻，形成了强有力的社会治安网络。通过这种紧密的社区自治，涩谷区不仅保持了良好的社会治安状态，还提升了居民的主人翁意识。

欧洲国家在社区治理方面也有许多值得借鉴的经验。以荷兰为例，荷兰的社区治理以其强调社会包容和公共参与的"共治模式"而著称。阿姆斯特丹市的"邻里计划"是一个典型的案例。该计划通过设立"社区议会"，鼓励居民积极参与社区议题的讨论与决策。社区议会由居民自愿组成，定期组织讨论社区内的各种问题，如住房、环境、交通等。居民不仅有权提出议案，社区管理机构还需要征求社区议会的意见。在"邻里计划"实施过程中，阿姆斯特丹市大量旧住宅区得到了改造，社区环境和居民生活质量大大提升，居民的社会参与感和归属感也得以增强。

中国的社区治理在快速城市化进程中也得到了不断创新和发展。我国的社区治理模式以"网格化管理"和"居民自治"为特色，旨在通过精细化的管理和广泛的居民参与提升社区治理水平。北京市海淀区的"网格化管理体系"是这一模式的代表。在该体系中，社区被划分为若干网格，每个网格由专人负责，形成了"社区—街道—区"三级管理体制。管理人员通过信息共享、实时监控和居民反馈，及时解决社区内的各类问题。同时，海淀区还积极推动居民自治，设立社区居民委员会，鼓励居民参与到社区管理和公共事务中。海淀区的这一模式有效提高了社区管理效率和居民的满意度，逐步形成了"共建、共治、共享"的社区治理格局。

比较国内外社区治理的实践案例可以发现，无论是美国的"社区发展公司"模式，还是日本的"町内会""自治会"模式，或是荷兰的"共治模式"，以及中国的"网格化管理"模式，都在不同程度上体现了居民广泛参与、政府支持引导和社会资源整合的重要性。这些模式尽管具体运作方式各异，但其共同点在于皆通过提升社区内部凝聚力、促进社会资源的合理配置来实现社区的可持续发展。

四、国际对比与本土化探索

在全球化背景下，各国在社会工作与社区治理领域均面临着一系列复杂而多样的挑战，不同国家和地区在实践中形成了各具特色的理论模式和实践方法，国内外先进理论和实践模式的对比与本土化探索，成为我们深入理解和借鉴国际经验、提高本土社会工作与社区治理水平的关键步骤。

首先，在社会工作理论上，西方国家尤其是欧美地区拥有深厚的学术积累和实践经验。欧美国家的社会工作理论通常着眼于个体需求，强调通过专业技巧和方法来促进个体和家庭的福祉。英国的贝弗里奇报告和美国的《社会保障法》奠定了现代福利国家和社会工作体系的基础，强调预防性和补救性的社会服务，如心理咨询、家庭辅导以及青少年社会工作等。此外，社区工作理论在欧美国家的社会工作理论体系中占据重要地位，特别是美国的阿尔文·W.戈尔斯在《社区组织理论》中提到群体动力学和社会网络的作用，这些理论为社区治理提供了丰富的指导。

与此不同，中国的社会工作理论发展相对较晚，但不断吸收和本土化了众多国外的先进理念和经验。中国社会工作的产生和发展，与国家现代化建设进程和社会结构的转型密切相关。改革开放以来，中国社会工作逐渐专业化、制度化，形成了具有中国特色的理论体系。中国的社会工作理论重视集体主义和社会稳定，强调党和政府的领导作用，强调快速、高效地解决实际问题。在社区治理方面，中国的社区治理理论强调社会治理创新，通过政府主导、社会参与、多方协作来实现共同富裕。这些理论契合了我国的实际情况，为我国社会工作的实际操作提供了坚实的理论基础。

在实践模式上，欧美国家和中国也表现出显著的差异。欧美国家的社会工作实践通常以非政府组织（NGO）为主，政府提供政策支持和资金，但实际操作中更多依赖于NGO和社区基金会等社会组织。例如，英国的社区花园项目和美国的社区警务项目均是通过多方合作来改善社区环境和治安状况。这些项目强调自下而上的参与和自我管理，居民通过协商和合作解决问题，形成了比较成熟的自助式社区治理模式。

相较而言，中国的社会工作和社区治理更多依赖政府主导，居委会、街道办事处等基层政府组织在社区治理中发挥了至关重要的作用。这种自上而下的治理模式具有较高的协调能力和资源整合能力，能够迅速调动各种社会资源来应对突发事件和解决共性问题。例如，新冠疫情期间的社区防控工作就是通过政府的集中指挥和调度来实现的。另外，中国的社区活动和社会服务多由政府政策导向和资助，居民参与度较高但自主性较低，更多为政府推动的结果。

在本土化探索方面，中国社会工作和社区治理的实践者们认识到，简单地移植国外经验并不能解决本土化问题。必须根据中国的具体国情，探索出符合自身特点的路径和方法。首先，在政策设计和资源配置上，必须考虑到中国的社会结构和文化背景。例如，在城市移民和农村留守儿童问题上，中国的社会工作者既需要像欧美国家那样提供个性化的服务，同时也要从中国传统的家庭和社区关系出发，更加注重加强家庭功能和社区互助。

其次，在社会工作专业化进程中，要加强对本土案例的研究和总结，提升社会工作者的专业能力。例如，针对青少年心理健康问题，在借鉴国外成功经验的同时，融入中国的教育和文化背景，使服务更加贴近青少年的实际需求。

最后，在社区治理的体制创新上，中国在逐渐探索构建多元参与的机制，鼓励社会组织、企业和公民积极参与社区治理，提高社区自治能力和居民的社会参与度。通过这些本土化的探索和实践，不仅积累了丰富的经验，也为提升社会工作和社区治理的水平提供了新的路径。

与国外对比，中国的社会工作与社区治理在理论和实践上均展现出自身的独特性。通过全球视角和本土实际相结合的方式，中国不断创新和完善社会工作与社区治理的模式，努力实现共同富裕。在这一过程中，既需要借鉴国际先进经验，也需要立足本土实际，探索出适合中国国情的社会工作与社区治理新路径，为实现整体社会福祉的提升作出贡献。

第三节　理论与实践相结合的指导原则

一、理论架构与实践原则的关系

理论架构提供了系统化和规范化的理解框架，使得实践活动有了明确的方向和依据；实践原则则是理论架构在具体情境中的应用指南，确保理论能够在现实中被有效执行。理解两者的关系需要从多个维度进行探讨，包括理论与实践的互动关系、理论对实践的指导作用、实践对理论发展的反馈，以及两者间的动态平衡。

社会工作与社区治理的理论架构涵盖了从宏观到微观的多个层次包括社会学理论、公共政策理论、组织行为理论等。在这些理论的指导下，社会工作者可以更好地理解社会结构、社区动力和个人行为。这种理解为实践提供了科学的依据，使得实践活动更加具有针对性和有效性。例如，使用社会资本理论可以帮助识别社区中的关键资源和关系网络，从而制定更有效的社区发展策略；而应对贫困和社会排斥问题，则可以借助社会排斥理论和多维贫困理论来把握问题的复杂性和多样性。通过这些理论架构，社会工作与社区治理实践可以避免盲目性和随意性，增强其科学性和系统性。

反过来，实践原则作为理论在具体情境中的应用指南，保证了理论能够转化为实际操作。实践原则不仅是理论的简单延伸，更是将理论与具体情境、实际问题相结合的过程。这种结合不仅需要对理论有着深刻的理解，还需要对实践环境、目标人群、资源配置等因素有全面的认识。例如，在应用社区参与理论时，实践原则可能包括如何动员社区资源、如何促进居民参与、如何建立有效的沟通机制等。通过这些具体的原则，理论得以在实践中有效执行，解决实际问题，并产生实际效果。

理论与实践的互动关系表现在实践活动对理论发展的反馈作用上。在社会工作与社区治理中，实践活动往往会遇到复杂的现实问题和不断变化的社会环境。实践过程中的经验和教训可以为理论的发展提供宝贵的现实材料。这种反馈不仅有助于完善现有理论，还可能促成新的理论的产生。例如，在社区治理中，参与式治理理论的产生和发展很大程度上就是基于实际治理过程中对传统治理模式的反思和实践中的探索。在这一过程中，实践活动不仅是理论的验证场，更是理论创新的源泉。实践活动中的成功经验和失败教训都为理论的发展提供了重要的参考依据。

理论架构与实践原则两者间的动态平衡是确保理论与实践能够相辅相成、共同发展的关键。理论过于抽象或者脱离实际，难以被实践者所接受和应用，将会失去其指导作用；而实践缺乏理论指导，则可能陷入盲目行动，难以达到预期的效果。因此，在社会工作与社区治理中，维持理论与实践间的动态平衡至关重要。具体来说，这种平衡需要通过不断的理论学习、实践总结和反思，提高社会工作者和社区治理者的理论素养和实践能力。一方面，通过系统的理论学习，可以提升实践者的理论素养，使其在实践中能够灵活运用各种理论工具；另一方面，通过实践总结和反思，可以对理论进行检验和改进，使其更加切合实际，更具有可操作性和指导性。

二、实践指导原则的制定方法

实践指导原则的制定方法是确保社会工作与社区治理走向成功实践的关键步骤之一。它不仅涵盖了理论框架的应用，还需要考虑具体的实践环境和目标人群的特点，以便在实际操作中能够达到预期效果。有效的指导原则应具备科学性、系统性和适用性，同时又要能够适应复杂多变的社会环境。因此，我们需要从以下几个方面详细阐述这一过程。

制定实践指导原则的第一步是明确目标和对象。任何一项社会工作和社区治理活动都离不开明确的目标体系和清晰的服务对象。这需要对社区的具体情况进行精细的调查和分析，了解社区居民的实际需求、问题和资源。同时，还要考虑政府政策导向、社会资源配置情况和文化背景，以便制定出既符合政策要求，又切合实际需要的指导原则。

科学的方法论是指导原则制定的基础。在社会工作与社区治理实践中，采用科学的研究方法如实地调查、深度访谈、问卷调查等，结合定量与定性的分析可以为制定实践指导原则提供翔实的数据支持。这些数据不仅包括社区的基本情况，还涉及居民的社会心理特点、社区组织的运作模式以及社会资源的分布与利用情况。基于这些数据，我们可以进行深入的分析和论证，确保指导原则的科学性和合理性。

综合考虑多方利益和因素是制定原则的另一重要环节。社会工作和社区治理涉及多个利益相关方，包括政府、居民、社会组织和企业等。每一个利益相关方都有自己特定的诉求和目标，因此在制定指导原则时，需要进行多方协商和综合平衡，确保指导原则兼顾各方利益，使实践更具可操作性和可持续性。例如，在社区治理过程中，需要兼顾政府对秩序和效率的要求，同时又要满足居民对参与感和归属感的需求，只有这样，指导原则才能在实际操作中被各方接受和支持。

时刻关注并依照最新政策法规和社会发展动态进行调整是确保实践指导原则有效性的关键。政策的变动和社会环境的不断变化，要求我们在实践中保持高度的敏锐性和灵活性。在制定实践指导原则时，不仅要了解和掌握现行政策法规，更要有前瞻性的考量，预见可能的政策调整和社会变化，以便及时调整和优化现有的指导原则，确保其与时俱进，保持长期的适用性和有效性。

明确细化操作步骤和方法是指导原则落地实施的保证。抽象的指导原则需要通过具体的操作步骤和方法来实现，这就要求我们在制定原则时，对每一个具体环节进行详细设计和规定。操作步骤应具体明确、易于执行，并且在执行过程中要有明确的衡量标准和评价机制，以便随时跟踪和评估实践效果。例如，在社区治理过程中，从社区调查、居民动员、资源整合到实际项目实施，每一个步骤都需要具体的操作指南和标准，确保每一个环节都按照指导原则有序推进，从而达到预期效果。

专业人才的培养与参与是实施相关指导原则的有力保障。社区治理和社会工作的复杂性要求参与人员不仅需要具备高度的专业知识，还需要有良好的社会工作素养和组织协调能力。因此，在制定实践指导原则时，要考虑专业人才的培养和引进，通过培训与合作的方式，提高执行团队的专业水平和实践能力。同时，还要建立完善的激励机制，吸引更多优秀的人才投入社会工作和社区治理中来。

结合科技手段，提高实践操作的效率和效果。现代科技的发展为社会工作和社区治理带来了新的机遇和挑战。在制定实践指导原则时，应充分考虑如何利用先进的科技手段，提高工作效率和效果。例如，可以通过大数据分析了解社区居民的需求，通过智能化平台实现资源的高效配置和管理，通过线上线下相结合的方式，加强社区居民的互动和参与，提高整体治理的水平。

不断总结和反思实践经验是完善指导原则的必要环节。实践指导原则并非一成不变，而是需要在实践中不断总结和反思，不断优化和完善。在实际操作中，需要建立系统的反馈机制，定期对实践情况进行评估，发现问题及时调整和改进。例如，通过问卷调查、专题座谈会、案例分析等方式，了解居民对项目的满意度和建议，总结成功的经验和模式，发现项目中存在的问题，从而不断优化和完善实践指导原则。

三、理论与实践结合的具体案例

理论通常是在科学研究和经验总结基础上形成的一系列系统性的观点和原理，为指导行为、解释现象提供了系统性的框架。而实践则是将理论应用到实际工作的具体行为，是理论在现实生活中的具体化与最终落实。

要实现理论与实践的有效结合，必须在具体的工作情境中寻找切实可行的应用方式。在社会工作与社区治理的背景下，这意味着要将已有的社会工作理论和社区治理方法有效地应用于具体的社区环境，解决真实存在的问题。在这个过程中，工作人员不仅要深入理解理论的内涵，还要具备灵活应变的能力，以应对不同社区的特殊需求和复杂情况。

以某个社会工作项目为例，在一个经济相对落后的社区，通过理论与实践相结合的方法来推动共同富裕目标的实现。首先，社会工作者需要评估社区的现状，了解居民的收入水平、健康状况、教育水平、就业情况等基本信息。这一过程可以使用参与观察、问卷调查、入户访问等社会工作方法，这些方法都是基于理论的指导，如参与式评估理论、社会调查方法等。通过充分的前期调研，能够为后续的工作奠定坚实的基础。

接下来，根据评估结果来制定具体的工作计划。例如，发现社区中有一部分青少年由于家庭贫困而辍学，社会工作者可以参考关于教育与贫困的社会工作理论，制定针对青少年的教育与培训计划，可以联系当地的教育机构、志愿服务组织等资源，提供免费的课后辅导、职业培训等服务。这一过程中，不仅需要理论上的指导，如教育扶贫理论、资源整合理论等，还要在实践中不断调整和完善，根据实际效果作出调整。

在实施这些计划的过程中，社会工作者要持续进行评估与反馈。这涉及利用反馈理论与评估方法，对于每一项工作的具体实施效果进行深入分析。通过定期回访家庭，收集居民的反馈，了解社区居民对于这些服务的接受度与满意度，从而不断调整和优化服务项目。比如，通过发现某些工作环节效果不佳，或者存在资源浪费的问题，及时改进策略，为后续工作提供参考。

此外，理论与实践相结合的过程也涉及跨专业协作和多方参与的原则。在社会工作与社区治理项目实施过程中，社会工作者不仅要依靠自身的专业知识和技能，还要积极寻求与其他专业领域的合作，例如与公共卫生部门、教育机构、经济发展部门等合作。这样可以集合多方资源与力量，形成合力，共同推动项目的有效实施。例如，一个社区卫生服务项目可以联合当地医院和卫生部门，通过社会工作者的动员与协助，提供定期体检、健康咨询等服务，促进社区居民的健康水平提升。

这一原则在社区发展计划中的具体应用还表现在灵活调整策略上。例如，在具体的社区治理过程中，初期制定的某些计划可能遇到实际困难或效果不佳，这时就需要根据实际情况调整策略。例如某个就业扶持计划中，发现很多居民缺乏基础技能培训和就业指导，这时候理论上可以参考技能发展理论，实践中则调整计划内容，增加技能培训环节，与用人单位合作，提升居民就业能力。

上述具体案例的实际应用，充分体现了理论与实践相结合的指导原则，通过理论指导实践、实践检验理论、不断调整和优化策略，社会工作与社区治理的效果得以提升。这种方法不仅确保了各项工作有理有据，符合科学原理，同时也保证了工作计划的可操作性和实效性，使得社区居民能够真正从中受益，推动共同富裕目标的实现。

这种理论与实践相结合的指导原则的应用，强调了社会工作者在具体工作中的敏锐洞察力和灵活应变能力。在社会工作与社区治理的现实情境中，每一个社区都有其独特的历史、文化和社会经济背景，理论的应用不可能是一成不变的，必须根据实际情况进行调整和修正。社会工作者在实践过程中应当时刻保持对各种理论的关注和学习，不断提升自己的理论水平，同时也要从实践中总结经验，反过来丰富和发展理论。这种理论与实践相结合的方法不仅能够提升社会工作与社区治理的有效性，还能为学术研究提供更多实践经验和数据，从而推动社会工作与社区治理理论的发展。

四、适应不同社区类型的实践策略

在共同富裕视角下，社会工作与社区治理的创新实践至关重要。不同类型的社区，即使在同一个国家或地区，其社会结构、文化背景、经济发展水平以及居民的需求都可能表现出显著的差异。这种情况下，适应不同社区类型的实践策略就显得尤为关键。为了有效推动共同富裕，社会工作者与社区治理者需要采用具体的、差异化的策略，以满足不同类型社区的特定需求，并促进社区整体的和谐发展。

首先，对于城市社区，一般来说这类社区往往具有人口密集、居住形式多样、经济活动频繁的特点。城市社区中居民的背景差异较大，社会问题包括但不限于交通拥堵、环境污染、社会孤立、老龄化等。为应对这些挑战，社区治理的措施必须灵活多样。提升居民的参与度是一个关键因素，通过社区座谈会、居民委员会以及各种文化活动，让居民在社区决策中有发言权，增强他们的归属感和满足感。同时，城市社区的社会工作者也需特别关注边缘群体，例如低收入家庭、老年人和残疾人，提供具体的帮助和支持，如法律咨询、就业培训、心理辅导等。

乡村社区的治理策略则需考虑较为封闭的社会关系和较低的经济发展水平。乡村社区居民往往有更强的人际关联和亲缘关系，集体意识较强，但受教育程度和信息获取渠道较为有限。社会工作者在乡村社区的实践应注重文化习俗的尊重和传统观念的适应。在改善基础设施的同时，需借助本土资源，激发居民的内生动力。如通过发展集体经济、推广新型农业技术等方式，提高农民的生产效益和生活水平。此外，乡村社区需要更多的社会教育活动，引导居民树立正确的法律意识、健康观念和环境保护意识，逐步改善传统观念中的不良影响，实现乡村社区的可持续发展。

不同类型的社区又可分为新兴社区和老旧社区。新兴社区的特点是规划规范、设施完善，居民多为新迁入人口，社会关系相对较为陌生和冷漠。社区治理的重点应放在建立社区认同感和增进居民互动上。通过定期举办社区活动，如节日庆典、体育比赛、志愿者服务等增强居民间的互动，帮助他们建立起稳定、友好的社会关系网络。新兴社区的社会工作者也需要关注年轻人的教育问题和就业压力，提供职业咨询、心理疏导及家庭教育指导等服务，使社区更加和谐和富有活力。

与新兴社区相对，老旧社区面临的挑战主要是设施陈旧、人口老龄化严重、社会资源相对匮乏等。老旧社区的治理措施应更多地关注基础设施的改善和公共服务的提升。比如，改造老旧社区的供水、供电、供暖系统，增加绿色空间和公共休闲场所。同时，建立便捷的社区健康医疗服务体系，设置家庭医生制度，为老年居民提供方便的健康检查和慢性病管理。此外，社会工作者需要特别关注住在老旧社区的独居老人，定期进行居家探访，为其提供基本生活照料和心理慰藉，确保他们在年龄增长的同时仍能感受到社区的关爱和温暖。

同时，必须考虑不同社区的文化背景和社会结构差异，例如移民人口集聚的社区、少数民族社区等，其独特的文化习俗和宗教信仰必须得到充分的尊重和理解。社会工作者应在熟悉和尊重这些文化习俗的基础上进行工作，避免因文化冲突带来的负面影响。可以通过举办文化交流活动和社区教育项目，促进不同文化背景居民之间的相互理解和包容，增强社区的凝聚力和和谐度。此外，社会工作者应鼓励和支持这些社区的居民参与社会经济活动，通过技能培训、经济合作等形式，提升他们的经济自给能力和社会参与水平，共享共同富裕的成果。

第三章

共同富裕视角下的社会工作创新与实践

第一节　社会工作方法的创新探索与实践应用

一、现代社会工作方法概述

现代社会工作方法主要分为直接实践方法和间接实践方法两个大类。直接实践方法关注个体、家庭和小组，通过面谈、辅导、治疗、倡导等方式，直接与服务对象互动。间接实践方法则包括社区发展、政策倡导、资源链接以及社会资本的动员，着重在社区和机构层面开展工作，从宏观上改善服务对象的生活状况和环境。

在直接实践方面，个案工作方法作为最早发展起来的社会工作实践方法，强调通过一对一的辅导和支持，帮助服务对象解决个人和家庭的问题，提升其应对能力和社会功能。个案工作的方法多种多样，包括心理辅导、行为治疗、认知疗法以及家庭系统治疗等。心理辅导专注于情感支持和心理健康，提高服务对象的自我认知和情绪管理能力；行为治疗强调通过行为矫正技术，改变服务对象不适应的行为模式；认知疗法则通过改变个体的思维模式来改善其情绪和行为；家庭系统治疗则以家庭为整体，解决家庭内部的互动和沟通问题，从而增强家庭的功能和协同能力。

小组工作方法通过组建小组，让具有相同或相似问题的服务对象聚集在一起，相互支持、分享经验、共同成长。小组工作不仅能增强个体的社会支持网络，还能通过群体动力学的作用，提高成员的社会技能和解决问题的能力。其具体形式有治疗小组、支持小组、成长小组、教育小组等。治疗小组专注于心理治疗，通过小组互动改善成员的心理健康；支持小组则为服务对象提供情感支持和社会慰藉；成长小组注重个体的发展和潜能的挖掘，帮助成员提高自我效能感；教育小组则通过知识和技能的传授，提高服务对象应对具体情境的能力。

社区工作方法作为间接实践方法的重要组成部分，重在动员社区成员参与，整合和优化社区资源，增强社区的凝聚力和自我管理能力，使社区成为一个自我服务、自我提升的有机整体。社区发展模式倡导社区自治，通过社区议事会、居民委员会、社区志愿者组织等形式，赋予社区成员参与决策和管理的权利和责任；社区组织模式强调组织和动员社区资源，建立有效的服务网络和支持系统，以应对社区的实际问题和需求；社区教育模式则侧重通过教育和培训，提升社区成员的素质和能力，使其更好地参与社区建设和管理。

社会政策倡导作为间接实践方法的重要内容，注重通过影响政策制定和实施，改善服务对象的生活条件和社会权利。社会工作者一方面通过政策分析和研究，推动公共政策的合理化和公正性；另一方面通过倡导和游说，争取政策和资源的支持，改善社会弱势群体的处境。例如，社会工作者可以通过参与立法程序、撰写政策报告、组织公众活动以及与政府和媒体的互动，推动涉及社会福利、教育、就业等领域的政策改进。

现代社会工作的多元化和创新性还体现在整合性服务模式上。整合性服务模式强调服务的全面性和系统化，通过多专业团队合作和跨部门协作，为服务对象提供连续、全面和个性化的支持和服务。其典型形式如社区服务中心、综合社会服务机构等，集成了社会救助、心理咨询、就业指导、法律援助、医疗保健等多种服务，形成了"一个窗口、一站式"服务体系，显著提高了服务对象的满意度和服务的有效性。

现代信息技术的发展也极大地拓展了社会工作的方法和手段。互联网、社交媒体、大数据等技术工具不仅为社会工作者提供了新的服务渠道和资源平台，还能通过数据分析和信息共享，精准识别服务对象的需求和问题，提高服务的针对性和实效性。在线辅导、远程治疗、虚拟小组、电子健康档案等创新服务形式，突破了传统服务的时间和空间限制，让社会工作更加便捷和高效。

现代社会工作方法在不断创新和发展的过程中，始终坚守"以人为本"的核心价值观，强调尊重服务对象的主体地位，关注其尊严、权益和潜能的发挥。这不仅体现了社会工作的专业伦理要求，也是其服务方法不断创新和进步的内在动力。在共同富裕视角下，现代社会工作方法的创新和实践，更是社会公平正义的重要保障，有助于实现全体社会成员共享发展成果，共同迈向富裕、幸福、美好的生活。

二、社会工作方法的本土化探索

在社会工作领域，方法的本土化探索是一个重要且复杂的过程。中国历史悠久，文化丰富，社会结构和价值观念独特，因此，推动社会工作方法的本土化，对于提升社会工作服务的有效性和社会认可度有着重要意义。本土化探索不仅是对传统社会工作方法进行吸收和改造，也是对中国传统文化、社会习俗和现有社会治理模式的互动和融合。

在以共同富裕为目标的社会背景下，社会工作方法的本土化不仅是理论上的探讨，更需要在实践中不断验证和完善。共同富裕不仅强调物质财富的均衡，也要求全体社会成员在经济、政治、文化、社会等各方面享有平等的权利和机会。因此，本土化的社会工作方法必须能够适应中国现有的社会结构和发展需求，注重社会公平、鼓励公众参与，并且善于利用中国特有的社区资源。

首先，要深入研究和理解中国本土文化的精髓，包括儒家思想、道家思想以及佛教文化等，这些思想体系中蕴含的"仁爱""和谐""自强不息"等价值观与社会工作的核心价值理念有相通之处。通过挖掘和提炼这些传统文化中的积极因素，能够更好地促进社会工作在本土语境下的应用。比如，儒家的"家、国、天下"思维模式强调家庭和社会的和谐统一，这与社会工作追求的家庭和社会整体福祉相契合。

同时，本土化的社会工作方法需要与我国政府的政策导向和居民的实际需求相结合。近年来，我国政府积极推动城乡社区治理和社会组织发展，倡导社区在社会服务中的重要作用。这为社会工作方法的本土化提供了政策支持和实践平台。具体来说，可以将社区治理与社会工作紧密结合，通过在社区中的实际操作，比如建立社区服务站、组织社区志愿者服务队等，来检验和改进本土化的社会工作方法。社区在这一过程中不仅是服务的对象，更是积极参与者和共建者。

在具体方法上，本土化的社会工作需要灵活运用中国特有的社会资源和网络，特别是村、社区等基层单位。中国社会具有典型的"熟人社会"的特征，村内或社区内部的社交网络对于信息传递和资源分配都具有重要影响。社会工作者在推进工作时，若能借助这些现有的社交网络，如村委会、社区居委会等，可以更快捷地了解居民需求，更有效地实施服务项目，推动资源的合理分配和利用。此外，红色文化的传承和社区党组织的参与也给社会工作提供了独特的资源和动力，可以增强社会工作的生命力和影响力。

本土化探索还强调社会工作的跨资源整合能力。中国社会快速发展的过程中，资源分布不均衡问题普遍存在。这要求社会工作在方法探索中，特别注重各种资源的整合运用，包括政府资源、市场资源、社会资源以及文化资源。社会工作者可以通过与政府部门合作，利用政府的政策、资金和项目支持推动社会工作；通过与企业和非营利组织合作，利用市场和社会资源解决社会问题；通过发动和组织社区力量，调动基层群众的积极性和创造性。

此外，本土化的社会工作方法应体现对弱势群体的特别关注和支持，尤其是在共同富裕视角下，如何有效帮助和支持低收入群体、老年人、残疾人等弱势群体走出困境，实现全面发展，是社会工作的重中之重。在实际操作中，可以通过开展专项服务项目，如老年人助餐服务、残疾人职业培训、贫困家庭助学援助等，结合地方实际情况和需求，设计并实施切实可行的服务方案。这不仅能提升弱势群体的生活质量，也能在社区内营造一种互助互爱的氛围，推动共同富裕目标的实现。

除了理论研究和实践操作，社会工作方法的本土化还需要体系化的培训和教育。社会工作者应充分了解本土文化背景、社会结构及政策环境，具备文化敏感性和跨文化沟通能力。通过在政策解读、文化素养、实务技能等方面的系统培训，使社会工作者能够在实际操作中更灵活地运用本土化的方法，提升服务效果。要推动社会工作方法的本土化，还需要大量的实证研究和不断地反馈调整。在社会工作领域本土化的过程中，建立科学的评估和反馈机制显得尤为重要。通过定期对服务对象、服务过程和服务效果进行科学评估，及时发现问题并加以改进，可以不断优化方法。在这一过程中，学术界与实务界的紧密互动，也能为社会工作方法的本土化提供实践和理论支持，形成扎实的研究基础和丰富的实践经验。

通过深入的文化挖掘、灵活的资源整合、体系化的教育培训和科学的评估制度，逐步形成具有中国特色的社会工作方法体系，可以更有效地回应本土需求，推动共同富裕在我国的实现。

三、跨部门协作中的社会工作方法创新

在共同富裕的视角下，社会工作不仅要解决个体问题，更需要协调社区内部和外部的各种资源，实现综合性和可持续的社会服务。跨部门协作中的社会工作方法创新，主要涉及不同政府机构、非营利组织、私营部门和社区居民之间的互动与合作，其核心在于整合各方资源，优化服务流程，提升社会工作服务的效能。

跨部门协作的首要挑战在于部门之间的信息交流和共享。在传统治理模式中，各部门往往存在信息壁垒，信息孤岛现象严重，导致资源浪费和服务冗余。为实现跨部门协作的社会工作方法创新，必须构建高效的信息共享平台，打破信息壁垒，使各部门能够及时、高效地获取所需信息。现代信息技术，特别是大数据和云计算技术，为实现这一目标提供了有力的支持。通过构建跨部门的信息共享系统，各部门可以实时对接，快速响应社区需求，提高服务的针对性和时效性。

跨部门协作的另一个关键在于资源的整合与优化配置。不同部门各自掌握着不同的资源和力量，通过有效的合作，可以发挥各自的优势，实现资源的最大化利用。在这一过程中，社会工作者需要具备整合资源的能力，理解各部门的功能与职责，发现并调动潜在的资源。比如，在社区老年服务中，可以协调社区卫生服务中心、居家养老服务机构、志愿者组织、物业公司等多个部门，共同为老年人提供医疗护理、生活照料、精神关怀等综合服务。

跨部门协作还需要建立科学高效的工作机制和流程。传统单一部门负责的工作模式，无法满足现代社会的复杂需求。社会工作者需要制定跨部门合作的规章制度和操作流程，明确各部门的职责和参与方式，形成系统化的工作模式。在这一过程中，确保各部门利益和权责对等，建立有效的协调沟通机制，设立统一的协调指挥中心，实行一体化管理，通过规范化的流程和制度保障跨部门协作的顺利进行。

社会工作方法的创新也离不开专业团队的建设和人员培训。跨部门协作要求社会工作者既要具备专业的社会工作知识和技能，同时还要熟悉不同部门的功能与操作流程。为此，需要加强对社会工作者的跨部门协作能力培训，提高其综合素质和专业能力。可以通过案例分析、专题培训、实地考察等多种形式，培养一

批既懂社会工作，又具备跨部门协作能力的专业人才，为跨部门协作的有效实施提供人才保障。

跨部门协作中的社会工作方法创新在具体实施中，还需要注重多元主体的参与和互动。在现代社会治理中，除了政府部门和专业机构，社区居民、志愿者、企业等多元主体也是重要的参与力量。社会工作者需要积极调动多元主体的积极性和创造力，构建多元主体共同参与的治理模式。通过引导居民参与社区事务，建立志愿者服务队伍，鼓励企业参与社会公益，形成政府、社会、市场共同推动的协作机制，将各方力量最大限度地整合起来。

政策支持和激励机制也是跨部门协作实现创新的重要保障。政府应制定鼓励跨部门协作的政策和法规，从制度上保障跨部门协作的顺利实施。同时，通过财政补贴、项目资助、绩效评估等方式，激励各部门积极参与跨部门协作，提高工作效率和服务质量。政府在制定政策时，应广泛听取各方意见，科学调研和论证，确保政策的科学性和可操作性。

评估与反馈机制也是跨部门协作中的社会工作方法创新的重要环节。为确保跨部门协作的效果和可持续性，必须建立科学的评估体系，定期对跨部门协作的进展和成效进行评估。通过收集和分析数据，发现问题并及时调整工作策略，不断优化工作方法和流程。同时，社会工作者需要建立畅通的反馈渠道，听取各部门和服务对象的意见与建议，为改进工作提供参考依据。

在共同富裕的视角下，跨部门协作中的社会工作方法创新是实现社会服务均等化、提升社区治理水平的关键路径。其核心在于打破界限，整合资源，建立科学高效的合作机制，实现多元主体的共同参与。通过信息共享、资源整合、专业人才培养、政策支持和激励、评估与反馈等一系列措施，社会工作者可以在跨部门协作中探索出更加科学、有效、可持续的社会工作方法，为共同富裕目标的实现贡献力量。

四、综合性社会工作方法的应用案例

综合性社会工作方法在促进共同富裕方面具有极其重要的作用，它能充分整合多种社会资源和方法，在最大限度上回应个体、家庭及社区的多样化需求。综合性社会工作方法强调将个体、群体和社区的具体需求结合起来，从整体上实现资源的最优配置，有效解决社会问题。以下通过几个案例，展示综合性社会工作方法的具体应用及其成效。

　　在城市社区治理过程中，某一大城市的A社区成了实践综合性社会工作方法的典范。A社区的人口密度高，居民群体多样，包括老年人、残疾人、低收入家庭等群体。社区管理者意识到，单一的社会工作方法难以满足多样性需求，亟须全方位、多层次的干预措施来提升社区整体福祉。结合社区特点，综合性社会工作方法被引入，并设立了多功能复合社区服务中心。该中心整合了医疗卫生、教育培训、就业指导、法律援助、心理咨询等多种服务功能。

　　通过综合性方法的具体应用，医疗卫生团队定期为老年人和残疾人提供免费健康检查，医生和义工还到各家开展上门服务，解决了许多行动不便居民的健康问题。此外，社区教育培训服务为低收入家庭子女提供课后辅导和兴趣班，让孩子们能够在安全、温馨的环境中学习和成长，家长也因而减轻了许多照顾孩子的压力。就业指导服务通过专门的就业培训课程和发布招聘信息，帮助社区居民掌握技能，提升就业能力，增加家庭收入。多样化的法律援助和心理咨询可以及时回应居民在生活中遇到的法律问题和心理困扰，进一步支持他们的稳定生活和心理健康。

　　在农村地区，综合性社会工作方法同样展现了巨大的潜力。以B村为例，该村地处偏远，经济落后，但具备丰富的农产品资源。为了促进整体经济发展，提升村民生活水平，在B村广泛应用综合性社会工作方法。首先引入了农业技术专家和社会工作者组成的联合团队，通过开设农业技术培训班，提高村民的种植和养殖技术。其次，社会工作者帮助村民成立了农业合作社，共同销售农产品，提高市场竞争力。合作社还与城市社区建立合作，为农产品寻找更多销路。最后，社会工作者还帮助村民争取政府扶贫补贴和项目资金，使得贫困家庭能够改善生产条件，实现自主脱贫。在教育方面，社会工作者结合学校和家庭，保证农村学生能够享有公平的教育资源。通过这一综合性干预措施，B村不仅经济得以发展，村民们的生活质量也得到了显著提升。

　　在应对灾难救助时，综合性社会工作方法也展示了巨大效能。以C市遭遇洪灾后的救助工作为例，政府和非营利组织联合组成的社会工作团队迅速响应，在灾后第一时间开展救援行动。综合性社会工作方法在这一过程中表现出强大的协调能力，一方面通过紧急救援队伍进行即时的物资发放和疏散安置，确保居民生命安全；另一方面，医疗团队在灾区设立临时医疗点，提供免费医疗服务并预防传染病的发生。与此同时，心理咨询师团队对受灾居民、特别是儿童和老年人进行心理辅导，帮助他们渡过心理难关。社会工作者还积极联系各种社会资源，组织志愿者进行家园重建，帮助居民修复房屋和基础设施。在政府相关部门的支持下，社会工作团队有效整合了各类资源，使救灾工作取得了显著成效，灾区居民的生活恢复得较为迅速。

在青少年问题干预方面，综合性社会工作方法同样得到了充分应用。在D社区，青少年犯罪率较高，社会治安受到影响。社会工作者联合当地学校、公安机关、非营利组织以及青少年家长，共同设计并实施了一项综合性干预计划。社会工作团队通过对青少年的个体咨询，了解他们的问题根源，并根据具体情况设计个体化的辅导方案。学校通过增加心理咨询和兴趣活动课程，引导青少年在安全的环境中发展兴趣爱好，增强自信心与责任感。非营利性组织提供职业技能培训和实习机会，使得有需要的青少年能够获得实际工作经验。公安机关则开展法治教育活动，让青少年意识到违法行为的后果，并引导他们遵纪守法。这项综合性干预措施不仅有效降低了青少年犯罪率，促进了青少年的健康成长，同时还提高了社区的整体治安水平。

以上案例展示了综合性社会工作方法在不同背景下的成功应用，通过整合多方资源和多种干预手段，有效应对各类复杂的社会问题。从城市到农村，从灾难救助到青少年问题干预，综合性社会工作方法展现出其强大的适应性和有效性，在促进共同富裕、增进社会整体福祉方面发挥了不可替代的作用。这些成功案例不仅为社会工作者提供了宝贵的实践经验，也为进一步探索和创新综合性社会工作方法提供了重要借鉴。

第二节　社会工作介入社区治理的路径

一、社区需求分析与评估

社区需求分析与评估在社会工作介入社区治理过程中，作为一项基本而又至关重要的工作，能够有效识别社区居民的实际需求和潜在问题，使得社会工作实践更加精准和有效。社区需求分析与评估是一个复杂而多层次的过程，其目的是通过系统、科学的方法了解社区的现状，评价社区居民的生活质量，以及他们在经济、社会、健康、教育等各个方面的需求和挑战，从而为制定有针对性的社会工作计划和策略提供依据。

社区需求分析与评估首先涉及对社区基本情况的全面了解。所谓基本情况，包括社区的人口结构、经济状况、公共设施、环境条件等。通过人口普查数据、政府统计资料、问卷调查、实地考察等方式，社会工作者可以获取翔实的社区人口特征数据，如性别、年龄、职业、收入水平、住房条件等信息。这些数据不仅能够反映出社区的整体轮廓，还能揭示出一些潜在的问题，如某些特定人群的贫困率较高、就业机会不足、基础设施老化等。对于这些问题的识别，有助于后续有针对性地开展社区服务和干预措施。

社区环境和资源的调查评估也是不可忽视的一环。社区环境不仅包括自然环境，还包括人文环境和社会环境。自然环境方面，需考虑的因素有空气质量、水资源、绿化率、生活垃圾处理等；人文环境和社会环境方面，则需要关注教育资源分布、医疗卫生条件、文化娱乐设施、社会治安状况等。通过实地考察和居民访谈，社会工作者可以深入了解社区环境的优劣势，为后续的社会工作介入提供更加多元的视角。例如，在一个教育资源匮乏的社区中，可能需要重点关注如何提升社区教育水平，而在一个治安状况较差的社区，则需加强公共安全方面的服务和干预。

为了准确反映社区居民的需求，需求分析和评估必然少不了居民参与的过程。通过召开居民座谈会、设立社区意见箱、发放居民问卷等方式，社会工作者可以直接收集居民的意见和反馈。这不仅有助于社会工作者了解居民的真实需求，还能够增强居民的社区归属感和参与意识，形成良性互动。在需求收集过程中，特别要重视弱势群体的声音，例如贫困家庭、老年人、残疾人、少数民族等，因为他们往往缺少话语权，容易被忽视。社会工作者通过深入的访谈和交流，可以发掘这些群体的特殊需求，为其提供更具针对性的服务。

需求的量化分析是确保需求评估客观性和科学性的关键。通过对收集到的居民需求数据进行统计分析，可以确定出主要需求、次要需求和潜在需求。主要需求是指居民普遍反映的、亟待解决的问题，例如就业困难、医疗服务不足、教育资源不均衡等；次要需求则是居民间接提及的、同样重要的问题，如环境美化、文化活动丰富性等；潜在需求是指暂时没有被居民明确表达，但经过分析可能存在的需求，如心理健康支持、老年人护理服务等。通过这种量化分析，社会工作者可以直观地看到社区需求的全貌，从而制定更加精准的工作计划。

需求评估不仅是对现状的描述，更是一个动态的过程，需要不断地反馈和调整。在社会工作介入社区治理的过程中，需求评估应当是一项持续进行的工作。通过定期对社区需求进行跟踪调查和评估，了解社会工作介入后的效果和变化，确保工作措施的时效性，及时调整策略以应对新的问题和挑战。这一过程不仅提升了社会工作的实效性和针对性，也有助于形成系统化的社区工作机制，促进社区的可持续发展。

评估结果的反馈和应用是整个需求分析与评估环节中非常重要的一步。评估的结果不仅作为社会工作者制定计划和策略的依据，还需要向社区居民反馈，以增强透明度和信任感。通过社区会议、公告栏、社区网站等多种渠道，将评估结果公之于众，让居民了解社会工作者的工作进展和下一步的工作计划，邀请他们提出意见和建议。这不仅有助于增强居民的参与感，也能通过多方互动促使社会工作计划更加符合实际需求。

二、建立有效的沟通与合作机制

有效的沟通机制是实现合作的基础。社会工作者应当首先明确沟通在社区治理中的重要性，积极构建多层次、多渠道的沟通平台，确保信息的畅通和全面共享。这不仅包括社会工作者与社区居民之间的沟通，也涵盖社区内部不同利益群体之间以及社区与政府职能部门、非政府组织之间的互动。运用现代科技手段，如互联网平台、社交媒体等，可以极大提高信息传播速率和沟通效果。同时，在面对面交流中应注重人际互动，培养居民的参与意识，增强其对社区事务的认同感和归属感。这种双向互动式的沟通能更好地反映居民的真实需求和意见，从而为社会工作提供更为精准的服务支持。

为了实现有效的合作，需要建立以信任为基础的合作机制。信任是合作的前提，社会工作者在介入社区治理时，要通过透明、公正和公开的工作方式，逐步赢得社区居民及各相关利益方的信任。例如，在制定社区发展计划时，可以邀请社区居民共同参与，让他们有更多的发言权和决策权，并及时公开各项工作的进展和成效，以增强全体成员的信任感。同时，对每一项事务性工作的反馈与评估，要坚持公平、公正、公开的原则，将实际情况及时向民众公布，这不仅是对工作的反馈，更是对居民表达意见、参与治理的尊重。

建立有效的合作机制，同时要求社会工作者具有强烈的协作精神和高超的组织能力。社会工作者必须在社区中扮演好协调者和推动者的角色，积极倡导合作精神，组建和牵头各种社区组织，如志愿者团队、居民委员会等，推动他们积极参与社区治理和服务。通过成立各类社会团体和合作组织，可以更有效地整合社区资源，激发社区自治的积极性。如社区的治安管理、公共环境维护、文化活动等，都可以通过志愿者和居民委员会的合作来完成，这不仅可以大大节约社区治理成本，还能增强居民参与公共事务的积极性和责任感。

在具体操作层面，社会工作者应注重合作过程中的角色分明和任务分配。明确各自的职责与义务，有助于提高合作效率和效果。例如，在制定社区发展规划时，社会工作者和居民可以共同讨论，制定一个明确的分工方案，将每一个环节的具体任务和责任落实到每一个人或每一个小组，确保工作过程中的协同合作。必要时，可以引入第三方专业机构进行监督和评估，以确保各项工作有序推进，真正做到透明、开放。

评估合作成果和反馈意见是合作机制中不可或缺的一环。定期开展合作效果的评估和总结，能够帮助社区居民和社会工作者了解和掌握合作的进展和效果，对其中存在的问题和不足进行及时调整和改进。这一过程不仅能够提高合作的质量和效果，还能激励社区成员持续参与合作，为下一步工作奠定坚实基础。结合居民的反馈意见，调整工作策略和内容，不断优化合作机制，使其更加符合实际需求和发展趋势。

有效沟通与合作机制的构建还需要制度保障。政策法规的支持、制度安排的科学性与合理性是保障社区治理和社会工作顺利进行的前提条件。政府应当制定和完善相关政策，规范社会工作者的行为准则，保障其合法权益，提供必要的资金和技术支持，同时推动社区治理模式的创新和完善，为有效沟通与合作机制的建立提供坚实的政策和制度保障。

三、社区动员与居民参与

社区动员意味着通过一系列有组织、有计划的活动，唤起居民的社区意识和参与意愿。这种动员既包括物质激励，也包括精神激励，可以通过举办社区文化活动、建立居民互助网络、开展社区服务项目等多种形式来实现。社会工作者在此过程中扮演着桥梁和纽带的角色，通过充分调动社区资源，激发居民的积极性和主动性，使他们从被动接受服务转变为主动参与社区事务。

居民参与是社区动员的预期结果，意味着居民从实际行动中参与到社区的各项治理活动中来。这种参与不仅局限于简单的志愿服务或临时活动，而是要深度融入社区的长期规划和治理体系。居民参与的过程中，开设民主决策平台、开放社区事务讨论会等形式，可以让社区居民在表达自我意愿、参与决策过程中逐步增强自治意识和能力。社会工作者可以通过组织各种培训课程或者信息发布会，提高居民的政策认知水平和参与社区事务的技能，确保他们在参与过程中能够更加理性、有效地发挥自己的作用。

为了实现有效的社区动员与居民参与，首先需要进行充分的社区需求评估，了解居民对不同方面事务的关注点和需求，在此基础上设计有针对性的活动和项目。例如，通过问卷调查、居民座谈会等方式收集居民的需求信息，制定出切实可行的活动计划，在实施过程中不断调研和反馈，调整活动内容和形式，确保最大限度地满足居民的实际需求。

其次，建立开放透明的社区治理机制，确保居民能够有效参与到社区治理的所有环节。例如，建立社区理事会或者社区服务中心，将社区的各项事务公示，设置居民意见反馈箱，定期召开社区例会，让居民能直接了解社区事务的进展，并参与到具体的治理活动中来。透过这种机制，不仅能够提高居民的责任感和参与意愿，还能增强社区的整体凝聚力和向心力。

再次，还要注重社区文化建设，培育良好的社区氛围和文化认同感。可以通过开展丰富多彩的文化活动，如社区文艺演出、体育比赛、读书会等形式，增进居民间的互动与了解，营造一种互助友爱的社区氛围。通过积极参与这些文化建设活动，居民的社区认同感和归属感将显著增强，在此基础上，他们会更愿意参与到社区的各项治理事务中，并为社区的共同富裕和可持续发展贡献自己的力量。

最后，还要不断探索居民参与的多样化路径，根据不同居民群体的需求和特点，采取不同的动员方式。例如，对于年轻人，可以通过社交媒体等新型传播方式进行宣传动员；对于老年人，则可以通过社区广播和线下活动来动员他们参与。尊重和包容不同群体的特点和需求，能够更好地调动社区内各类资源，促使更多居民主动参与到社区治理活动中。

通过结合政策支持、技术手段和日常互动等多种方式和渠道，提升居民的参与水平与深度。在政策上，可以通过实施社区项目招标和资金补助等方式，充分调动居民的积极性。在技术上，可以利用信息化和智能化手段，提高居民参与的便捷度和时效性，使用社区管理App、在线投票平台等工具，进一步推动居民参与的便捷化和普及化。

四、制定与实施社区发展计划

制定社区发展计划涉及的内容十分广泛，包括需求评估、资源整合、具体计划的编制和各项政策措施的实施与监控。

社区发展计划的制定离不开严谨的需求评估。这一过程旨在全面了解社区的实际情况及其成员的需求。社会工作者在这一阶段扮演着重要角色，通过问卷调查、焦点小组讨论、社区会议等方式收集数据，了解社区家庭的基本状况、居民的生活质量、社会资本水平以及存在的主要问题。这一调研过程不仅有助于发现社区的短板和需求，还能够增强社区居民的参与意识，提高他们对社区事务的关注度和责任感。社会工作者需要能够敏锐地捕捉到社区中潜在的问题和矛盾，并提出建设性的意见，为后续计划的制定打下坚实基础。

资源整合是制定社区发展计划的重要环节。社区发展的成功离不开各类资源的合理利用和配置。社会工作者需要在需求评估的基础上，对社区内部和外部的资源进行全面梳理。这些资源不仅包括社区内部的物质资源、服务设施和基础设施，还涉及外部的政府部门、非政府组织、企业和其他社会资源。通过搭建合作平台，实现多元主体的资源共享和协同合作，可以为社区发展注入源源不断的动力。社会工作者一方面要具备资源整合的能力，能够通过协调与协商促成资源的有效对接，另一方面也需要发挥桥梁和纽带作用，增强各利益相关方的合作意愿，共同推进社区发展目标的实现。

在进行规划编制时，社区发展计划应坚持全面性、系统性和科学性。全面性要求社区发展规划既要涵盖经济、社会、文化、环境等多个方面，又要考虑各个群体、各类需求的均衡发展，不可忽视任何一个子系统的平衡。系统性指的是规划内容应形成一个有机整体，各个部分相互联系、相互支持，最终形成协同效应。科学性则强调计划的编制要依据实际情况，立足长远发展，充分考虑可能出现的实际问题和挑战，制定可行性高、操作性强的具体措施。社会工作者在这一过程中应充分发扬民主精神，吸纳社区居民的意见与建议，确保计划的广泛认同与接受。

实施是计划能否顺利推进的关键环节。社区发展计划一旦制定完成，便进入了具体操作与执行阶段。社会工作者需要发挥积极作用，推动各项措施的落实，确保计划按部就班地开展。在实施过程中，需要与各合作伙伴保持密切沟通，及时反馈实施过程中的问题和进展，建立健全监督与评估机制，确保各项工作高效有序进行。社会工作者应时刻关注实施过程中出现的各类问题，及时调整和优化工作策略，保证社区发展计划向预期目标迈进。同时，通过不断总结经验教训，完善工作流程和方法，为后续工作提供宝贵的参考和借鉴。

制定与实施过程中的居民参与度是影响社区发展计划成败的重要因素。社区居民不仅是计划的服务对象，更是社区治理的主体与主力军。社会工作者需要通过激励机制和参与渠道的设计，提升居民的积极性和参与度，增强社区认同感和归属感。例如，可以通过社区会议、居民代表大会、网上投票等方式广泛吸纳居民的意见与建议，鼓励居民参与到社区事务中来。同时，通过社区文化活动、志愿服务项目等形式，增强居民的互动和交流，逐步培养社区合作精神和集体归属感。

五、政策倡导与制度完善

政策倡导是社会工作者通过系统性地发声，影响公共政策的制定、实施和修改，来推动社会正义和公平的实践活动。社会工作者在社区治理中扮演着政策倡导者的角色，关注贫困、教育、健康、住房等相关政策的制定和执行，旨在通过政策层面的改变来改善社区居民的整体福祉。政策倡导需要社会工作者具备扎实的专业知识、敏锐的社会洞察力以及与政府、媒体、非政府组织等各方的良好沟通能力。通过联合社会各界力量，共同推动政策的优化和实施，可以有效地促进社区治理的现代化和法治化，保障居民的基本权益，推动社会公正和共同富裕目标的实现。

在政策倡导过程中，社会工作者可以从以下几个方面展开具体工作。

首先是识别问题，即需要对社区中存在的主要社会问题进行全面而深入的调研，了解相关政策的现状、执行效果及其中存在的问题，并有针对性地提出改进方案与策略。这包括通过各种数据和实例的收集与分析，掌握第一手信息，为政策倡导提供坚实的基础。社会工作者可以通过社区座谈会、问卷调查、个案访谈等多种形式，收集居民意见和建议，形成系统化的问题报告，提高问题识别的科学性和全面性。

其次是建立联盟。政策倡导是一个系统工程，社会工作者需要联合各界力量，包括志愿者、社会组织、学术机构、媒体以及政府部门等，共同形成政策倡导联盟。通过联盟的合作与协同，可以扩大政策倡导的影响力，提高政策建议的可行性和被采纳的可能性。例如，社会工作者可以与学术机构合作，开展相关政策的研究与评估，形成科学和具有操作性的政策建议；与媒体合作，通过新闻报道和专题节目，扩大政策倡导的社会影响力，引起公众和政府的关注。

制定策略是政策倡导的关键步骤。社会工作者应当充分了解政策制定与执行的流程，熟悉相关法律法规和制度规范，结合具体的问题和需求，制定科学合理、切实可行的政策倡导策略。这包括明确政策倡导的目标和阶段性任务，制定详细的工作计划和执行方案，设计具体的倡导活动和宣传方案。例如，通过举办政策论坛、专家座谈会、新闻发布会等形式，公开表达政策建议，广泛传播倡导理念，提高公众认知和影响力。

具体实施过程中，社会工作者应积极参与到政策制定、执行和监督的各个环节，及时跟进政策执行情况，反馈执行过程中存在的问题，并提出修正和改进的建议。这要求社会工作者在政策执行的不同阶段，始终保持与政策制定者及执行部门的沟通与协调，确保政策倡导的连贯性和持续性。同时，通过监督评估政策实施效果，及时调整政策倡导策略，确保政策优化和完善的实际效果。

制度完善在社区治理中具有重要的支撑作用。通过制度的完善与创新，可以为社会工作的开展提供制度保障和支持，确保社会工作在社区治理中的有序进行和有效发挥作用。社会工作者在推动制度完善过程中，应注重以下几个方面。

首先是制度梳理，对于现有的社区治理相关制度进行全面系统的梳理，找出其中存在的漏洞、不足与问题，并提出具体的改进措施和建议。通过制度的细化和规范化，提高社区治理的工作效率和规范性。

其次是制度创新，鼓励和探索社区治理的新机制、新模式和新方法。例如，通过引入社区共治机制、激励机制、公民参与机制等，激发社区内在活力和居民参与积极性，构建政府主导、社会协同、居民参与的社区治理新格局。同时，社会工作者也应关注和推动社区文化的发展，通过制度设计与文化建设相结合，增强社区的社会凝聚力和认同感，形成良好的社区氛围和治理环境。

在推动制度完善过程中，社会工作者需要充分利用法治手段，将社区治理纳入法治轨道，通过完善与落实相关法律法规，保障社区居民的合法权益，确保社区治理的合法性和规范性。同时，社会工作者应注重制度的执行和监督，通过建立健全监督和问责机制，确保各项制度和政策的落实到位，防止制度执行中的变形走样和弄虚作假现象，提高社区治理的公开性和透明度。

六、社会工作队伍的能力建设与专业培训

社会工作队伍的能力建设是确保社会工作介入社区治理效果的关键，社会工作者的专业能力是其顺利开展各项工作的基础。在共同富裕的视角下，社会工作者需要具备更加全面的知识和技能，能够应对各种复杂的社区问题。社会工作的专业知识包括社会学、心理学、法规政策等方面的内容，这些都是社会工作者必须掌握的基础理论。此外，社会工作者还需具备较强的实践能力，包括有效沟通、问题解决、危机干预等能力，这些能力能够帮助他们更好地应对社区中可能出现的各种复杂情况。

专业培训是社会工作队伍能力建设的重要手段，通过系统的培训，可以不断提升社会工作者的理论水平和实践能力。首先，社会工作专业教育是培养社会工作者的基础，通过正规院校的教育，社会工作者可以系统学习社会工作的基础知识和核心技能，为后续的专业实践奠定坚实基础。全国各高校应加强社会工作专业的设置和教学，培养大量高素质的社会工作人才。同时，相关部门应加强对社会工作从业人员在职培训和继续教育，通过定期的培训课程，更新知识体系，提高其综合素质。

除了基础教育和在职培训，行业内还应建立健全职业资格认证制度，提升社会工作者的专业化水平。资格认证制度不仅有助于衡量社会工作者的专业能力，还能为他们提供职业发展的方向和标准。例如，我国目前已实施的国家社会工作者职业水平考试，通过此类考试可以促使社会工作者不断提升自己的专业能力，为社区提供更加优质的服务。在职业资格认证的基础上，可以进一步引入更高层次的专业评价体系，如高级专业资格评审、卓越社会工作者认定等，为那些在实际工作中表现突出的社会工作者提供更多晋升和发展的机会。

提高社会工作者的实务能力是能力建设的重要组成部分。社区治理中问题复杂多样，社会工作者不仅要应对个体和家庭的需求，同时还要处理社区层面的问题。因此，实践能力的培养尤为重要。通过参与社区实践项目，社会工作者可以获得直接的现场经验，了解社区实际情况，提升解决实际问题的能力。培训机构可以通过模拟演练、案例分析等多种形式，让社会工作者在实践中不断磨练自己的技能。此外，鼓励和支持社会工作者积极参与到社区的各类治理项目中，通过实践积累经验，形成良性循环。

在提升专业培训质量方面，培训内容应注重理论与实践相结合，既要有前沿

的理论知识，又要有切合实际操作的案例分析和技能训练。例如，在培训课程设置上，不仅要讲解社会工作的理论基础，还要结合具体的社区案例，让学员通过实践操作掌握实际工作能力。同时，可以邀请有丰富实践经验的专家和学者担任讲师，通过分享他们的实际工作经验，帮助学员解决实际工作中的难题。

有效的评估机制是确保社会工作队伍能力建设和专业培训质量的重要保障。通过建立健全评估体系，对培训效果进行全面评价，可以及时发现问题，改进培训内容和方式，提高培训质量。例如，可以通过定期考试、实地考核、群众满意度调查等多种形式，对社会工作者的专业能力进行全面评估。评估结果不仅可以作为社会工作者个人职业发展的参考，也可以为培训机构优化课程设置和教学方法提供依据。

通过以上措施，逐步提升社会工作者的综合能力，为共同富裕目标的实现打下坚实的基础。在共同富裕的道路上，社会工作者作为直接服务社区居民的前沿人员，其能力和素质的提升至关重要。只有不断加强社会工作队伍的能力建设与专业培训，才能在实际工作中更好地解决社区治理中的各类问题，提高社区居民的生活质量，为实现共同富裕作出积极贡献。

七、社会工作与社区资源的整合策略

社会工作与社区资源的整合策略旨在通过各种有效途径将分散在社区内外的多种资源汇聚起来，更好地服务于社区居民。这种整合既包括了物质资源，也涵盖了信息资源、人力资源和情感资源。有效的整合策略不仅能提升社区资源配置的效率，还能增强社区的自我管理和自我服务能力，促进共同富裕的目标实现。

社会工作者在整合社区资源时，应注意充分挖掘和利用社区内外的各种资源。社区内的资源主要有社区组织、居委会、物业公司、志愿者团队和居民自身，社区外的资源则包括政府部门、社会团体、企业社团、学术机构和其他社区。

首先，社会工作者应积极与政府部门建立联系，争取政策和资金支持。政府部门作为公共资源的主要提供者，其政策导向对社区资源的整合具有重要影响。社会工作者可以通过撰写项目计划、参加政府项目招标等方式争取政府的资源投入，同时，借助政府的行政力量推动各类资源在社区的合理配置。

其次，与社会团体和企业建立合作关系也是整合社区资源的重要途径。许多社会团体和企业拥有丰富的资源和专业知识，社会工作者可以通过合作项目、资源共享等方式，将这些外部资源引进社区。例如，可以与慈善机构合作开展社区救助项目，与企业合作推动就业培训计划，与学术机构合作进行各种社会调查和研究工作，从而形成多方资源互动和互补的良好局面。

人力资源作为社区治理的重要支撑，挖掘和利用社区内外的人力资源也是社会工作者的重要任务。社区内的人力资源包括社区居民、退休人员、社区志愿者等，他们具备切实了解社区需求的优势。有效动员居民参与社区事务，不仅可以提升资源利用效率，还能增强居民的社区归属感。社会工作者可以通过培训志愿者、组建社区自助团队等形式，提升社区内人力资源的质量和数量。同时，也可以聘请专业人士担任顾问或聘用工作人员进行社区服务，比如心理咨询师、法律顾问、社会工作专业人员等，使社区工作更加专业化和全面化。

信息资源作为现代社会的重要资源，是提高社区治理和服务水平的重要手段。社会工作者应建立高效的社区信息平台，收集和整理社区内外的信息资源，进行科学分析和合理利用。通过信息技术手段，构建数字化社区档案，建立社区资源数据库，利用大数据分析技术，帮助社区管理者及时掌握社区动态，预测可能出现的问题，从而提高决策的科学性。为此，社会工作者需要与信息技术公司、数据服务公司建立合作关系，提升社区信息化水平。

情感资源的整合同样不可忽视，社区居民的情感联结是社区和谐的重要基石。社会工作者可以通过组织各种文娱活动、建设社区文化空间，增强居民间的互动和情感联结。比如，通过举办社区联谊会、成立兴趣小组、组织节日庆祝活动等方式，增进居民间的交流和互信。社会工作者还可以利用社区传媒工具，宣传社区优秀事迹，树立社区典型，增强居民的荣誉感和归属感。

在整合社区资源的过程中，社会工作者还应注重资源整合的持续性和长效性。资源的整合不是一次性任务，而是一个长期的过程，需要社会工作者不断探索和优化整合策略，同时也需要社区各方的持续合作和共同参与。社会工作者应建立有效的资源管理机制，确保资源的合理配置和高效利用，避免资源浪费和重复建设。例如，可以制定明确的资源分配和使用标准，建立资源监督和反馈机制，对资源的使用情况进行定期评估和调整。

社会工作者应加强资源整合的透明度和公开性，使资源整合过程和结果公开透明，接受社区居民和有关部门的监督。通过开展社区座谈会、居民见面会等形式，广泛听取居民意见，及时反馈整合工作进展，增强居民对资源整合工作的信任和支持。

第三节　社会工作在促进共同富裕中的作用

一、社会工作在贫困社区的介入与支持

在中国经济快速发展的大背景下，虽然整体上生活水平有了显著提升，但区域之间、群体之间的贫富差距依然存在，尤其是贫困社区仍然面临诸多挑战。社会工作在这些区域的有效介入与支持不仅可以缓解贫困问题，还能够为实现共同富裕提供一个可操作性强的实践路径。

社会工作在贫困社区的介入首先表现在资源整合与分配上的作用。贫困社区由于资源匮乏而陷入自我循环的贫困模式，而社会工作者通过深入社区，能够更好地了解社区居民的实际需求，针对不同群体实施精准帮扶。具体来说，社会工作者可以通过政府、非政府机构、企业等多个渠道，为社区引入各类资源，包括经济援助、就业机会、教育资源和医疗服务等。在资源分配环节，社会工作者能够结合社区的具体情况，科学、公正地进行分配，确保每一个有需要的人都能获得相应的帮助，避免资源浪费和分配不均。通过这些措施，贫困社区的物质生活水平可以有效改善，为社区居民提供一个更加稳定和有保障的生活环境。

应对心理和社会支持需求是社会工作在贫困社区的重要领域。贫困不仅是物质上的匮乏，而且往往伴随着心理和社会问题的交织。许多贫困社区的居民在长期的贫困状态下，容易产生自卑、抑郁、焦虑等负面情绪，社会工作者应通过心理辅导、情感支持等，帮助居民重建自信，提升他们的心理韧性。这不仅有助于个人的心理健康，还有助于社区整体的社会凝聚力养成。社会工作者还可以通过组织社区活动、促进邻里互动，增强社区成员之间的沟通和理解，为建立互助互爱的社区氛围创造条件，这对提升整个社区的幸福感和归属感具有重要意义。

社会工作者在贫困社区的介入还能显著促进就业和创业，为社区经济注入新活力。贫困社区往往就业机会有限，劳动力市场封闭，很多居民因为技能不足或信息不对称而难以找到合适的工作。社会工作者通过技能培训、职业指导和就

业辅导等服务，提升居民就业能力，使他们能够在劳动力市场中更具竞争力。此外，在适合的情况下，社会工作者还可以推动社区创业，通过鼓励居民自主创业、提供创业培训和支持，帮助他们实现自我价值和经济独立。这种就业和创业的推动不仅可以为贫困社区提供持续的经济来源，还能激发社区内部的创新和活力，带动整体经济的发展。

社会工作者在贫困社区的介入过程中，还需要注重儿童和青少年的发展，这不仅是帮助当代的贫困人群，也是为未来的社区建设储备人才。儿童和青少年是贫困家庭中最易受到影响的群体，他们在教育资源、成长环境和发展机会等方面可能存在多方面的不足。社会工作者可以通过提供课后辅导、心理辅导及发展规划等服务，为这一群体创造更为公平的发展机会。通过教育扶贫和发展潜力的挖掘，帮助儿童和青少年摆脱贫困的恶性循环，让他们有机会通过自身的努力改变家庭的命运，达到共建共享共同富裕的目标。

社会工作者在贫困社区的介入还需注重社区整体治理水平的提升。治理水平低下是导致贫困社区长期困局的重要原因之一。社会工作者通过参与社区治理，协助建立和完善社区自治组织，提升居民的自治能力和参与意识，形成良性互动的社区治理模式，从而实现社区的可持续发展。在这一过程中，社会工作者可以充当政策实施的"润滑剂"、居民诉求的"代言人"和社区发展的"推动力"，协助政府和其他组织将各类政策落到实处，确保贫困社区能够共享经济社会发展的成果。

二、社会工作在老龄化社区的服务与关怀

随着人口老龄化问题日趋严重，老龄化社区已成为社会工作的重点关注领域。社会工作在促进共同富裕中的一个重要方面便是对老龄化社区的服务与关怀。老龄化社区的服务与关怀，不仅是简单的养老照护，更包括多层次、多维度的支持与服务，旨在提升老年人的生活质量，促进社会的和谐与稳定。

老龄化社区的服务与关怀首先需要建立在充分了解老年人需求的基础上。老年人的需求多种多样，既有生理上的，如健康管理、日常护理、饮食结构调整等；也有心理上的，如心理疏导、情感支持、自我价值实现等；还有社会层面的，如社会参与、社区融入、代际关系维护等。为了满足这些需求，社会工作者需要进行详细的需求评估，通过访谈、问卷、观察等方法，全面了解老年人的真实需求，以便提供针对性的服务。

健康管理是老龄化社区服务的重要组成部分。随着年龄的增长，老年人往往会面临多种慢性病的困扰，健康管理显得尤为重要。社区卫生服务站与专业护理机构可以联合起来，为老年人提供定期的健康体检、疾病预防与控制、康复指导等服务。通过健康教育，提高老年人的健康意识和自我保健能力。同时，社会工作者可以通过组织健康讲座、设置健康咨询站等方式，帮助老年人掌握基本的健康管理知识，预防疾病的发生与发展。

心理健康同样是老年人生活质量的重要指标。老年人由于退休、子女离家等原因，容易出现孤独感、失落感，甚至患上抑郁症、焦虑症等心理问题。社会工作者需要为老年人提供心理疏导，帮助他们调整心态，积极面对生活。可以通过个案辅导、小组活动、心理讲座等形式，关注老年人的心理状态，及时发现并解决他们的心理问题。同时，还可以通过建立心理关爱网络，包括社区志愿者、邻里互助小组等，营造关爱、支持老年人的社区氛围。

社会参与是老年人实现自我价值的重要途径。社会工作者可以通过组织老年人参与社区建设、文化娱乐活动、志愿服务等，促进老年人与社区的深度融合。社区中的老年协会、兴趣小组、志愿服务队等组织，可以为老年人提供展示自我、服务他人、实现价值的平台。例如，组织老年人参与社区绿化、美化活动，不仅可以改善社区环境，还可以增强他们的归属感和自豪感。通过参与文化娱乐活动，如书法、绘画、歌唱、舞蹈等，丰富老年人的精神文化生活，提升他们的生活品质。

代际关系的维护在老龄化社区中也显得尤为重要。社会工作者可以通过组织家庭联谊活动、祖孙互动项目等，促进不同代际间的沟通与理解。让老年人感受到子女及孙辈的关爱与陪伴，减少他们的孤独感和被抛弃感。同时，也可以通过宣传教育，提高家庭成员的孝道意识和对老年人的尊重与关爱，营造家庭和谐的氛围。

在这些多样化服务的实践过程中，社会工作者的专业素养与能力显得尤为重要。他们不仅需要具备扎实的专业知识，包括老年心理学、社会福利学、康复护理学等，还需要具备较强的沟通协调能力、组织策划能力和应急处理能力。社会工作者需要通过不断的学习与培训，提升自身的专业素养和服务能力，以更好地服务老龄化社区。

在老龄化社区的服务与关怀中，资源整合同样是关键。社区、家庭、政府、社会组织等多个主体的力量需要有效整合，共同为老年人提供全面、系统的支持与服务。政府可以通过政策支持、资金投入，保障老年福利的落实。社会组织可以通过公益项目、志愿服务，补充政府服务的不足。家庭成员可以通过日常照料、精神陪伴，给予老年人细致入微的关怀。社会工作者需要发挥桥梁与纽带作用，链接各方资源，协调各方力量，形成合力，共同推动老龄化社区的服务与关怀。

三、健康与医疗社会工作的作用

健康和医疗社会工作的核心焦点不仅在于对个体的疾病和健康状况进行干预，更深远的目标是提升整个社区的健康水准，进而为共同富裕的实现注入强劲动力。健康是人的基本权利，也是社会和谐与稳定的基石。在这种视角下，健康与医疗社会工作显然具有重要的社会功能和实践价值。

在具体实践中，健康和医疗社会工作者致力于通过复杂的社会系统解决健康问题，他们不仅需要理解和应对个体健康问题，还需关注这些问题背后的社会原因。例如，许多人面临的健康问题实际上与他们的社会经济地位、居住环境、职业风险等密切相关。所以，社会工作者需要运用系统思维，从宏观和微观两个层面协同开展工作。一方面，他们需要帮助个体应对和克服健康障碍；另一方面，还要通过社区干预、政策倡导等手段推动社会结构性改善。

健康与医疗社会工作者在社区中起着桥梁和纽带作用，他们连接了一线的医疗服务和社区资源，同时也在医疗机构和外部社区之间起着沟通和协调的角色。例如，在一个受到社会经济困扰的贫困社区中，健康和医疗社会工作者可以通过教育和宣传，提高社区居民的健康知识和卫生意识，强化疾病预防的观念，帮助他们形成健康的生活方式。这一系列的健康促进活动，不仅可以减少社区居民患病的风险，降低医疗成本，还可以提升他们的生活质量，从而为共同富裕打下坚实的基础。

在实际操作中，健康与医疗社会工作者往往需要与其他专业人员进行多学科合作。他们可能与医生、护士、心理咨询师、营养师等协作，共同制定和实施个性化的健康和治疗计划。例如，在精神健康领域，社会工作者可以为精神障碍患者提供心理支持和社会资源链接服务，帮助他们克服社会孤立，实现社会功能的恢复。在慢性病管理中，社会工作者可以通过定期随访、健康教育和个案管理等方式，支持患者保持自我管理能力，减轻家庭和社区的照护负担。

此外，健康与医疗社会工作者还在政策倡导和社区赋权方面发挥重要作用。

通过对健康权益的倡导，他们可以推动政府和卫生机构改善公共卫生政策，增加医疗资源的公平分配。例如，通过参与社区规划和卫生政策的制定，社会工作者可以确保边缘化和弱势群体的健康需求得到重视和满足。通过赋权过程，社区成员不仅可以提高自身健康意识和能力，还可以集体行动推动社区健康环境的改善，如推进环保措施、加强公共卫生设施建设、倡导健康的社会文化等。

重要的是，健康和医疗社会工作者在应对突发公共卫生事件中也扮演着关键角色。例如，在应对新冠疫情期间，社会工作者不仅提供疫情防控知识和心理疏导服务，还协调物资发放、调动社区志愿者力量，保障社区基本生活秩序的稳定。他们的努力显著提高了社区居民的抗疫能力，促进了社会稳定和和谐。

在全球化和信息化迅速发展的背景下，健康和医疗社会工作者还应积极利用现代科技手段提升服务效能。通过电话咨询、在线辅导、远程医疗等方式，他们可以打破地域和时间限制，为更多有需要的人提供及时、有效的健康支持。这不仅提高了健康资源的利用效率，还扩展了社会工作的服务范围，更好地满足了不同群体的健康需求。

从长远来看，健康与医疗社会工作者的角色还包括培养和推动社区健康文化的形成。通过持续的健康教育和社区活动，逐步形成以居民为主体的健康自治模式，使社区成员在提高自身健康素养的同时，共同参与健康环境的建设和维护。这不仅能够提高居民的健康水平，减少疾病负担，还能增强社区的凝聚力和自我管理能力，为共同富裕提供坚实的社会基础。

四、社会工作的教育与就业支持服务

教育是个人发展的基石，也是实现社会公平的重要途径。然而，由于家庭背景、经济状况和地域差异等多种原因，许多人在教育资源获取上存在明显的不平等现象。这种不平等会进一步强化社会分层，阻碍共同富裕目标的实现。社会工作者通过主动介入能够显著改善这种不公平的现象。社会工作者可以深入社区，识别出那些在教育资源获取上处于劣势的儿童和家庭，提供他们所需的教育资源，包括课外辅导、学业咨询和必要的学习工具。与此同时，他们还可以通过开展各类教育活动，提高家长对教育重要性的认识，从而激发他们对孩子教育的重视程度，形成良好的家庭教育氛围。

社会工作者不仅关注学龄儿童的教育问题，也关注成年人再教育和职业技能培训。他们通过合作与协调，与各类教育机构和职业培训机构建立联系，为社区成员提供各种形式的培训项目，帮助他们提升职业技能和素质，以适应日益变化的就业市场。这不仅提升了个人的就业能力，更重要的是，这些培训项目能够强化社区整体的劳动力素质，为实现共同富裕打下坚实的基础。

就业支持服务是社会工作在促进共同富裕中的另一大重要内容。失业和就业不足是妨碍共同富裕的重要因素之一，直接影响个人及其家庭的收入水平和生活质量。社会工作者通过就业支持服务，可以帮助各种背景的劳动者，尤其是那些处于弱势地位的群体，扩大他们的就业机会。通过个案管理，社会工作者为他们提供职业规划、求职技巧培训、简历撰写指导、面试技巧辅导以及心理支持等全方位的服务。另外，社会工作者还积极与用人单位沟通，为弱势群体争取更多的就业机会。

社会工作者在促进共同富裕的过程中，还特别重视帮助那些长期失业或就业困难的人群。在实施就业支持服务时，一些有效的干预策略得以应用，比如职业能力评估、职业兴趣测试和心理辅导等。这些措施能够帮助服务对象更清晰地了解自身的能力和职业兴趣，制定个性化的就业方案，从而更有效地实现就业。另外，社会工作者还会帮助他们建立和拓展社会网络，通过多种途径获取就业信息，增加成功就业的机会。

为了解决长期的结构性失业问题，社会工作者还会推动社区企业的发展，鼓励社区成员创业，创造更多本地就业机会。他们通过组织创意和创新竞赛，提供创业培训和指导，帮助有志于创业的居民获得必要的知识和技能。在融资方面，社会工作者还会帮助创业者与金融机构对接，争取资金支持，降低创业的门槛和风险。

不仅如此，在就业支持服务中，社会工作者还关注工作环境的改善，推动工作保障的提升。他们帮助劳动者了解和维护自己的劳动权益，推动用人单位提供公平和安全的工作环境。此外，他们还致力于推动政策优化，为失业者和就业困难者提供更多的社会保障，比如失业救济、职业培训补贴等。

社会工作的教育与就业支持服务不仅是帮助个体和家庭提高收入与改善生活质量的重要手段，更是推进社会整体进步、促进社会公平的重要力量。通过这两种服务，社会工作者能够在微观层面上直接帮助服务对象实现个人发展和生活改善，同时在宏观层面上推动社会结构的优化，减少贫富差距，形成更加公平合理的社会环境。这些服务不仅能帮助无数家庭改善生活境遇，更能为社会的可持续发展提供重要保障，这也是实现共同富裕不可或缺的重要内容。

第四节 社会工作创新面临的挑战及应对策略

一、社会工作方法创新的制约因素

社会工作方法创新面临的制约因素体现在多个层面，具体包括体制机制、文化社会环境、人力资源、技术手段以及政策法规等方面的具体挑战。这些制约因素相互交织影响，共同制约着社会工作方法的创新和推广。

体制机制方面的制约因素尤为显著。社会工作作为一门专业，其方法创新离不开政府政策和社会制度的支持。然而，现有的体制机制可能存在一定的僵化和不适应，政策层面对于社会工作创新的支持力度不足，导致资源配置不合理，创新成果难以推广。一些地方行政体制较为集权，基层自主权有限，创新空间受限，削弱了实际操作中的灵活性。当体制机制不能适应快速变化的社会需求时，社会工作者的创新尝试往往会受到阻碍。

文化社会环境也是重要的制约因素。社会工作方法的创新需要在特定的文化背景下进行，而不同文化对社会工作的接受度和理解程度存在差异。传统文化中可能根深蒂固的观念和习惯，会阻碍新方法的被接受程度。例如，在某些地区，依赖家庭和邻里自助的传统观念较强烈，外来援助和专业社会工作的介入可能会受阻。社会工作方法的创新需要考虑这些文化背景，而不是一味地引进和模仿其他国家与地区的方法。

人力资源方面的限制也是现实的挑战。社会工作的专业人才有限，特别是在欠发达地区，社会工作者的数量和专业素养难以满足实际需求。社会工作方法的创新需要具备高水平专业知识和实践经验的工作者，但目前许多社会工作者在理论和实践能力上都存在不足。由于社会工作领域整体待遇较低、工作压力大，如何吸引和留住高素质人才成为一大难题。此外，专业培训资源匮乏，导致社会工作者难以及时更新知识和技能，也限制了工作方法创新的持续推进。

技术手段的制约因素逐渐凸显。随着信息化和智能化的发展，现代技术手段在社会工作中的应用越来越重要。然而，技术手段在社会工作方法创新中的应用面临诸多挑战。一方面，部分社会工作者对新技术的掌握和应用能力有限，缺乏相关培训和指导；另一方面，技术手段的应用需要一定的基础设施投入，但在某些经济欠发达地区，这方面的资源投入不足，导致技术手段难以有效推广。此外，技术手段的应用还涉及数据隐私保护等伦理问题，需要在创新过程中谨慎处理。

政策法规的制约因素不可忽视。社会工作方法的创新需要在一定的法律法规框架内进行，但一些现行法律法规可能存在滞后性，不利于创新实践的推行。社会工作领域的法律法规相对较少，对专业行为的规范和约束不够明确，社会工作者在创新过程中容易遇到法律风险。此外，法律法规的实施和监督机制不够完善，违法行为难以追责，导致规范化管理不足，影响了社会工作方法创新的积极性和主动性。

面对这些制约因素，应对策略需要从多方面入手。第一，完善体制机制，增强政府政策对社会工作创新的支持力度。政府应制定和实施激励创新的政策措施，提供必要的资源和支持，优化资源配置，推动社会工作方法创新的广泛应用。同时，推动体制改革，增加基层组织的自主性和灵活性，赋予其更多的创新空间。

第二，优化文化社会环境，增强社会对社会工作方法创新的接受度。社会工作者应注重在本土化的基础上进行方法创新，考虑文化背景和地方特色，增强服务对象的参与感和认同感。通过宣传、教育和示范引导，改变传统观念和习惯，提高社会对专业社会工作的认知和信任。

第三，加强专业人才的培养，提升社会工作者的专业素养和创新能力。大力发展社会工作教育和培训体系，提供系统的专业培训和实践机会，提高社会工作者的理论水平和实践能力。建立多渠道的职业发展路径和激励机制，吸引和留住高素质人才。在经济欠发达地区，可以采取援助和合作的方式，引进外地专业人才，共同推动社会工作方法的创新和发展。

第四，重视技术手段的应用，提升社会工作信息化、智能化水平。加强技术培训，使社会工作者能够熟练掌握和应用现代技术手段。增加技术基础设施的投入，特别是在经济欠发达地区，改善技术设备和网络条件，推进信息化建设。创新技术应用模式，注重保护数据隐私和伦理道德，确保技术手段的安全和有效应用。

第五，推进法律法规的完善，为社会工作方法创新提供有力保障。加快制定和完善社会工作领域的法律法规，明确社会工作行为的规范和要求，减少法律风险。建立健全法律法规的实施和监督机制，确保法律法规的有效执行。加强对社会工作者的法律培训，增强他们的法律意识和风险防范能力，为创新实践提供坚实的法治保障。

二、跨学科合作中的挑战与机遇

随着社会问题日益复杂化和多元化，单一学科的知识和方法难以全面应对各种社会需求与问题，因此，跨学科合作逐渐成为社会工作创新与实践中不可或缺的一部分。然而，在实际操作过程中，跨学科合作不仅需要克服各学科之间的理念差异、语言障碍、资源分配不均等多重挑战，还需充分挖掘和利用跨学科合作带来的丰富机遇，以推动社会工作领域的创新发展。

跨学科合作过程中，首先面临的第一个挑战是不同学科之间的理念和文化差异。社会工作通常侧重于增进个人和社区的福祉，强调人文关怀和社会正义，而其他学科如医学、心理学、法律等，可能更侧重于具体专业领域的技术分析和解决方案。这种理念和文化上的差异，常常在跨学科合作中引发沟通障碍和协作困难。不同学科的专业人员可能在问题的定义、解决途径以及评估标准上存在显著差异，导致合作初期难以达成共识。因此，在跨学科合作中，必须通过建立有效的沟通机制，促进各学科之间的理解和尊重，共同寻找和定义问题，并从多角度提出可行的解决方案。此外，不同学科之间的术语和表达方式也存在显著差异，专业术语的不同理解可能导致误解和误判，影响合作效果。这需要各学科专业人员在合作过程中，能够相互学习和适应，建立一个共同的术语和表达体系，以确保信息的有效传递和沟通。

第二个挑战是资源和权力分配的不均衡。跨学科合作往往涉及多方资源的整合和实际操作中的权力分配问题。合作各方可能在资源投入、资金分配、人员安排等方面存在不均衡，导致某一方在合作中处于弱势地位，影响合作的公平性和可持续性。这不仅会降低合作各方的积极性，还可能引发冲突和纠纷，影响项目的推进和效果。因此，在跨学科合作中，需要通过合理的资源整合和公平的权力分配机制，确保各方在合作中的平等参与和贡献，以增强合作的协调性和持续性。

第三个挑战是跨学科合作中的法律和伦理问题。社会工作涉及众多敏感的信息和隐私问题，如个人资料、家庭背景、健康状况等。在跨学科合作中，不同学科对法律和伦理的理解与要求可能存在差异，如何在合作中保护服务对象的权益，是一个复杂而敏感的问题。例如，医学专业可能需要详细的病史和健康信息，而法律专业需要遵守严格的隐私保护法规，这种信息需求和保护要求之间的矛盾，往往在跨学科合作中引发争议。因此，在实际操作中，需要制定明确的法律和伦理规范，确保各学科在合作中的合法合规操作，避免因法律和伦理问题影响合作的顺利进行。

尽管跨学科合作面临上述多重挑战，但其带来的机遇同样显著。跨学科合作可以整合各学科的知识和方法，形成综合的解决方案，提高社会工作创新的深度和广度。通过跨学科合作，社会工作者不仅可以借鉴其他学科的先进理论和方法，还可以将这些理论和方法应用于实际操作中，解决复杂的社会问题。例如，在社区健康管理中，结合医学、心理学、社会学等多学科知识，可以从预防、治疗、心理支持、社会支持等多个层面，提供全面的健康服务，提高社区居民的整体健康水平。

跨学科合作还可以促进知识的交叉和融合，推动社会工作理论和方法的创新发展。在跨学科合作中，各学科专业人员通过相互学习和交流，可以激发跨学科的创新思维，发现和提出新的研究问题，并通过多学科方法进行深入研究，形成新的理论和方法。此外，跨学科合作还可以培养多学科背景的社会工作人才，增强其综合素质和能力，为社会工作领域的发展提供人才保障。

跨学科合作在社会工作实践中还可以增强社会工作的影响力和公信力。通过多学科合作，社会工作可以借助其他学科的专业知识和权威，增强其在社会问题解决中的科学性和专业性，提高社会工作在社会治理中的地位和作用。例如，在城市社区治理中，结合社会学、城市规划学、管理学等多学科知识，可以从社区组织、基础设施、公共服务等多个层面，系统地分析和解决社区问题，提升社区治理的整体水平。

跨学科合作不仅对社会工作创新和实践具有重要意义，还对社会问题的综合解决、社会服务的质量提升、社会工作的理论发展等方面，具有重要推动作用。因此，社会工作领域在面对跨学科合作中的挑战时，应积极探索和尝试，通过建立有效的沟通机制、公平的资源分配体系、明确的法律和伦理规范等方式，克服合作中的障碍和困难，充分挖掘和利用跨学科合作带来的丰富机遇，以推动社会工作领域的创新发展和进步。

三、资源不足与解决策略

资源不足问题涉及资金、人员、技术等多个方面，直接影响社会工作的实际效果。具体来说，资源不足主要包括资金短缺、人力资源匮乏以及技术资源有限。这些挑战不仅阻碍了社会工作的正常开展，还可能导致项目半途而废，付出巨大成本而无法达到预期效果。

在资金短缺方面，社会工作往往依赖于政府拨款、慈善捐助和社会组织自身的筹资能力。然而，政府资助常常具有不确定性，受到政策变化和财政预算的影响，且社会对慈善捐助的参与度和热情也不能一直维持在高水平阶段，导致社会组织获得的外部资金支持具有波动性。此外，许多社会组织自身的筹资能力较为有限，缺乏专业的募捐人员和有效的募资渠道，使得其很难长期维持稳定的资金流入。资金短缺的问题不仅限制了社会工作的规模和质量，还阻碍了许多创新项目的实施和推广。

面对资金短缺的问题，首先需要多元化资金来源。可以通过广泛联系企业、基金会及个人捐助者，建立合作伙伴关系，拓宽资助渠道。同时，通过创新筹资模式，如众筹、公益赛事等新兴模式，增加公众参与和资金募集。此外，提高社会组织自身的筹资能力，通过专业培训提升募捐人员的技能和效率，增强组织的募资竞争力。借助各类奖励和评优机制，鼓励社会工作者及相关单位开发具有社会影响力和广泛认可度的项目，获得更多资助。

人力资源匮乏也是社会工作面临的一大难题。社会工作需要大量专业人才，涉及心理咨询、社区服务、危机干预等多个领域。然而，目前的社会工作从业人员数量不足，专业水平参差不齐，职业发展通道有限，使得大量潜力人才流失至其他行业。社会工作者的高强度和低收入使得这一职业的吸引力不足，难以吸引和留住优秀人才。培训体系和考核机制不完善，导致从业人员专业素质提升缓慢，难以胜任复杂的社会工作任务。

应对人力资源匮乏的问题，首先需要优化人才培养机制。政府和社会组织应当投入更多资源用于社会工作专业的教育和培训，确保培养出的从业人员具备扎实的理论基础和丰富的实践经验。加强校企合作，提供多样化的实习和工作机会，提高学生的实践能力和职业认同感。职业培训和职业发展规划也应得到强化，通过持续的职业发展支持和职业晋升通道，使从业人员看到职业前景和发展空间，提高职业忠诚度和工作积极性。同时，合理调整社会工作者的薪酬待遇，改善工作环境，提高社会工作职业的吸引力。

技术资源有限同样制约了社会工作的创新和实效。随着信息技术的发展，大数据、互联网、人工智能等技术在社会工作的应用前景广阔。然而，许多社会组织对新技术的接受能力有限，缺乏专业的技术人才和设备，无法有效利用这些技术提升工作效率和服务质量。此外，信息基础设施建设滞后，特别是在广大农村和偏远地区，信息技术的应用仍然存在较大困难，阻碍了社会服务的均衡化和共享化发展。

为解决技术资源有限的问题，需要加大信息技术在社会工作中的应用力度。政府应制定相关政策，鼓励和支持社会组织引入和使用先进技术，通过财政补贴和技术支持，帮助其提升技术水平和信息化能力。社会组织应与科技企业、研究机构等建立合作关系，引进技术人才，加强技术研发和应用实践。同时，提高从业人员的技术素养和应用能力，开展技术培训和应用推广，使其能够熟练运用新技术提升工作效能。另外，积极建设和完善信息基础设施，特别是在偏远地区和农村地区，加大投入和建设力度，确保信息技术能够惠及更多人群，实现资源的均衡配置和共享。

四、政策支持与秩序保障

政策支持作为社会工作创新的顶层设计，为特定目标的实现指明了方向，并提供了必要的资源。而秩序保障则保证了社会工作实践能够在一个稳定、有序的环境中进行，从而提高社会工作的效率和效果。这两个方面的相辅相成，是社会工作创新在共同富裕视角下得以实施和发展的坚实基础。

首先，社会工作创新离不开政策支持与引导。政策支持实质上是政府和相关部门通过法律、法规、政策文件等形式，明确社会工作发展的方向、任务、目标及相关激励措施。对于社会工作者来说，这些政策文件不仅提供了行动的纲领，同时也给出了具体的操作指南。比如社会工作者法律法规的制定与实施，可以为社会工作者提供了法律上的支持与保障，明确社会工作者的权利和义务。法律法规可以在一定程度上增强社会工作者的职业认同感和归属感，从而推动社会工作创新的发展。同时，政策支持还体现在财政资源和物质资源的倾斜与投入上。政府通过财政拨款、专项资金、税收优惠等方式，为社会工作提供了充足的资金支持。这些资金不仅可以用于购买设备、开展培训、组织活动等，也可以用来支付社会工作者的薪资，提高他们的工作积极性和创造力。例如，某些城市在推动社区治理创新时，通过设立社区发展基金，奖励那些在社区服务中表现突出的项目和个人，从而激励社会工作者不断创新和改进服务模式。

其次，政策支持还包括对社会工作者专业能力的培养和提升。国家和地方政府通过制定和实施培训计划，提高社会工作者的专业素养和技能，使其能够更好地适应复杂多变的社会环境。这样的培训不仅包括理论知识的学习，更重要的是实践技能的提升。这些政策的实施，使得社会工作者在面对各种社会问题时能够游刃有余，提出切实可行的解决方案，从而推动社会工作创新的实践。

在加强政策支持的同时，秩序保障也是社会工作创新不可忽视的一部分。秩序保障不仅是社会工作得以顺利展开的基本前提，更是保障社会稳定和谐的重要手段。在很多社会工作项目中，特别是在一些矛盾较为突出的社区，只有在一个相对稳定和有序的环境下，社会工作者才能有条不紊地开展工作。因此，各级政府和相关部门必须加强对社会工作场所周边秩序的维护。这包括但不限于增加警力投入、安装监控设备、加强治安巡逻等措施。

秩序保障不仅限于物理层面的安全保护，还包括对社会舆论和心理氛围的管理。通过政策引导和舆论宣传，树立社会工作者在公众心目中的良好形象，增强民众对社会工作和社会工作者的信任感与支持力度，减轻社会工作者在开展工作时所面临的阻力。此外，优化社会保障制度，设置合理的利益分配机制，平衡不同群体的利益诉求，也是实现秩序保障的重要手段之一。

政策支持与秩序保障在具体实施过程中，还应强调二者之间的协调与联动。政策的制定离不开对现实情况的深入调研与分析，秩序的维护则需要依靠有效的政策措施。在这个过程中，社会工作者不仅是政策和秩序的执行者，更是政策设计和秩序维护的重要参与者和反馈者。因此，如何构建一个良好的反馈机制，使政策能够因时而变、因地制宜，秩序保障能切实落到实处，成为充分释放社会工作创新潜力的关键。

具体到社会工作创新的实践中，政策支持和秩序保障的作用还体现在促进信息共享和资源整合上。在传统的社会工作模式中，各级政府、社会组织、社区居民以及社会工作者往往存在信息不对称、资源分散的问题，这在很大程度上制约了社会工作创新的开展。通过政策支持，政府可以搭建信息共享平台，推动资源整合，减少重复建设与资源浪费，提升社会工作的整体效能。秩序保障则通过规范信息传播渠道、保证信息真实性和时效性，确保各方能够及时、准确地获取所需信息，参与社会工作创新的整个过程。

　　政策支持和秩序保障还需考虑国际经验与本土实践的结合。在借鉴他国先进经验的同时，要注重结合本土的社会文化背景和实际需求，构建具有中国特色的社会工作创新模式。从发达国家的经验来看，社会工作离不开完善的社会保障体系和高效的社会治理机制；而这些经验在引入我国时，必须经过本土化改造，才能确保其在我国社会工作创新中发挥实效。这样，政策支持与秩序保障才能真正实现为社会工作创新赋能，推动共同富裕目标的全面实现。

第四章

社区治理的现代化与数字化

第一节 社区治理的现代化转型与策略

一、现代化治理的必要性

现代化治理的必要性在于其能够有效应对当代社会中出现的各种复杂问题和多样化需求。在当前全球化、信息化的背景下，传统的治理方式和手段已难以满足现代社会的发展需求。

社会结构的复杂化和人口流动的加速，使得传统的社区治理模式难以适应不断变化的社会环境和多样化的民众需求。现代化治理通过信息技术和科学管理手段，能够实现对多维度社会问题的综合治理，提高社区管理的效率和质量。

科技的进步和信息化的发展为现代化治理提供了强有力的技术支撑。互联网、大数据、人工智能等新兴技术应用于社区治理，可以大幅提升治理效率、精确度和公平性。例如，通过大数据分析，可实时监测社区内的各种动向、需求和问题，从而实现预先警告和快速响应；通过智能管理系统，可以科学调度和优化资源配置，有效减少人力、物力的浪费；通过互联网平台，可以增强社区居民与管理者之间的互动和协作，提升公众参与度和满意度。

现代化治理的必要性还体现在其能够推动社会治理的精细化和智能化。传统的社区治理往往依赖经验和人工判断，难以做到精确、全面和高效。现代化治理通过技术手段能够实现对社区各项事务的精准管理。例如，智能监控系统可以实现全天候无盲点的安全监控，提高社区的安全指数；智慧城市系统可以实时监控和调节社区的水、电、气等基础设施，大幅提升资源的利用效率和公共服务的质量。此外，数字化手段还能够极大提高社区服务的便捷性和可及性，使居民能够更快速、更方便地获取各种社区服务和信息，从而提升整个社区的生活质量和幸福感。

现代化治理的必要性还在于其能够促进公共资源的公平分配和社会的可持续发展。传统的治理模式在资源分配上往往效率较低、公平性不足。现代化治理通过科学的数据分析和智能化的资源调度，可以实现资源的最优配置和公平分配。例如，基于大数据的社会保险管理系统可以确保社会福利更加精准地覆盖到需要帮助的群体；智慧医疗系统可以优化医疗资源的配置，使更多的居民享受到优质的医疗服务；智能交通系统可以缓解城市交通压力，减少污染排放，从而促进社会的可持续发展。

面对全球化背景下的多元文化冲突和社会矛盾，现代化治理也显得尤为必要。现代化治理通过多渠道的信息传播和透明的决策过程，可以有效提升社会的包容性和凝聚力。在现代化治理框架下，政府和社会各界可以通过网络平台进行广泛的意见征集和协商，增强政策制定的科学性和合理性；通过透明的信息公开和数据共享，可以增加政府的公信力和社会的信任感，从而有效缓解社会矛盾和冲突。

此外，现代化治理还能够显著提升社区治理的经济效益。通过智能化的管理手段可以减少人工成本和资源浪费，提升政府治理的经济效率。同时，现代化治理还可以通过信息化平台促进社区经济的发展。例如，通过电商平台，社区居民可以更方便地进行商品交易和服务购买，促进本地经济的活力；通过共享经济平台，可以有效利用社区的闲置资源，增加社区收入和居民福利。

现代化治理的必要性同样体现在提升政府治理的科学性和专业性上。现代社会中的问题和需求日益复杂多变，要求政府具备更高的专业知识和更科学的治理手段。现代化治理通过引入先进的管理理念和技术手段，可以大幅提升政府治理的科学性。例如，应用大数据和人工智能技术可以实现政务信息的综合管理和智能化分析，提高政策制定的科学性和执行的精准性；通过现代化的信息系统可以实现对各类社会事件的实时监测和快速响应，提高政府危机管理的能力和效率。

现代化治理的必要性在于其能够有效推动社区的可持续发展。现代化治理通过信息化和智能化手段，不仅能够提升社区治理的效率和质量，还能有效促进社区的生态环境保护和资源的可持续利用。例如，智慧环保系统可以实时监测社区的环境状况，及时发现和处理污染源，从而保护社区的生态环境；智慧能源系统可以通过对能源的实时监测和优化调度，提高能源利用的效率，减少能源浪费，实现低碳社区和绿色发展。

从全球范围来看，现代化治理已成为世界各国提高社会治理能力、应对复杂社会问题的重要途径和手段。无论是发达国家还是发展中国家，都在积极探索和实践现代化治理，推动社会的进步和发展。因此，推动社区治理的现代化转型，不仅是时代发展的必然要求，更是提高社会治理效率、增进民众福祉、实现社会和谐和可持续发展的内在需求。

二、现代化治理的关键策略

现代化治理的关键策略主要围绕提升社区治理效能与居民参与度，通过技术创新、多元共治、法治建设等途径实现社区治理的现代化。

首先，技术创新在社区治理现代化进程中发挥着关键作用。随着信息技术和大数据的发展，数字化平台在社区治理中的普及和运用显著提高了治理效率和透明度。通过建立智能社区管理系统，能够实现住户信息的实时更新与管理，及时处理突发事件。同时，智能化手段如物联网和大数据分析的应用，可以全面掌握社区动态，预测潜在问题，为决策提供数据支持，从而提升社区治理的科学性和有效性。

其次，社区治理现代化离不开多元共治的理念。传统上，社区治理是由政府主导的单向过程，而现代化的社区治理强调政府、社会组织、社区居民等多方主体共同参与。通过建立多元参与机制，使得社区管理不再是政府的"独角戏"，而是成为多方协作、共同治理的互动过程。社会组织例如志愿者团体、非政府组织等，能够在社区治理中发挥独特作用，为社区提供专业化、个性化服务，辅助政府提升治理水平。同时，居民作为社区的核心组成部分，他们的意见和需求直接关系到社区治理的效果，因此，需要通过各种方式调动居民的积极性，如建立居民议事会、开展社区活动等，增强居民的归属感和责任感。

法治建设作为社区治理现代化的基石，能够提供规范和保障，为现代化治理奠定坚实基础。现代化的社区治理应当在法律框架下进行，明确各方职责和权利，防止权力滥用和治理失控。通过制定和完善社区规章制度，明确行为准则和奖惩机制，为社区治理提供依据。同时，推动社区法治宣传教育，提高居民法律意识和守法自觉性，使得居民所作所为有法可依、有章可循。法治建设不仅要体现在制度层面，还要落到实处，督促社区管理者依法办事、居民依法行事，从而形成良好的法治氛围，促进社区治理的有序进行。

经济支持和资源整合也是现代化社区治理的重要策略。经济作为基础支撑，决定了社区治理资源的投入和使用。现代化社区治理需要多方筹措资金，通过政府财政支持、企业赞助、社会筹资等途径，保证社区建设和管理能够持续进行。同时，针对社区内部资源进行系统整合和合理配置，提升资源使用效率。例如，通过建立社区资源共享平台，将闲置资源充分利用，以满足更多居民的需求。此外，还需注重引入外部资源，如引进高水平的社区服务企业和专业机构，为社区居民提供优质服务。

现代化社区治理的一个重点就是构建智慧社区。智慧社区依托信息技术，以便利居民生活、优化社区服务为目标。通过建设智能安防系统，确保社区安全，例如安装高清监控摄像头、智能门禁系统等。同时，引入智能设施管理，如智能垃圾分类回收系统、智能停车管理系统等，提升社区管理效率。此外，通过建立社区服务大数据平台，为居民提供便捷、高效的服务，如线上预约、智能诊疗等，使社区服务更加人性化、精准化。

在现代化社区治理过程中，应当高度重视社区文化建设。社区文化是凝聚居民、促进邻里和谐的重要纽带。通过组织各类社区文化活动，增强居民互动交流，提升社区归属感。例如，定期举行文化节、邻里节、文艺演出等，丰富居民精神生活。同时，挖掘和弘扬社区历史文化，塑造独特的社区文化品牌，提升社区文化软实力。此外，通过搭建社区文化传播平台，发挥新媒体的作用，增强社区居民对文化活动的参与度和认同感。

现代化社区治理还需注重环境建设，营造宜居环境。美好的社区环境不仅提升居民的幸福感，也有助于提升社区的整体形象。通过合理规划绿化空间、加强环境卫生管理，以达到生态环保的目标。同时，推广绿色生活方式，鼓励居民积极参与环保行动，如垃圾分类、节能减排等，共同为建设绿色社区出力。社区环境建设不仅是硬件设施的改善，还应当考虑到社区空间的利用与布局，使社区空间既满足功能需求，又具有人性化设计，提升居民的生活质量。

三、政府与社会力量的协同

在共同富裕的背景下，如何有效整合政府与社会力量，实现资源的最大化利用和社会治理机制的创新，成了当代社会工作与社区治理中的一项重要课题。

在现代社区治理中，政府通常扮演着指导者和调控者的角色，通过政策制定、资源分配和监督管理，确保社区治理的有序、高效运行。政府拥有强大的资源调配能力和强制力，可以通过法律法规的制定和执行，保障社区治理中各项措施的实施。政府还可以通过财政支持和政策倾斜，促进社区治理中的各项工作顺利开展。

然而，单靠政府力量进行社区治理往往存在一定的局限性。一方面，政府的资源和精力有限，难以全面覆盖复杂多样的社区治理需求；另一方面，政府单方面的主导往往会忽视社区居民和社会组织的主动性与创造性。因此，为了实现社区治理的现代化转型，必须充分调动社会力量的参与。

社会力量主要包括社区居民、非政府组织、社会企业、志愿者团体等多种主体。这些主体在社区治理中具有不可替代的作用。社区居民是社区治理的直接参与者和受益者，他们对社区需求最为了解，能够提供最切实的意见和建议。非政府组织和社会企业则拥有专业的服务技能和丰富的服务经验，能够提供多样化、专业化的社区服务。志愿者团体则可以通过志愿服务，弥补政府和市场供给的不足，增强社区的社会资本和文化氛围。

政府与社会力量的协同实现需要构建多元参与、协同共治的社区治理机制。首先，要通过政策和制度保障社会力量的参与权。政府应积极制定相关政策和法规，明确社会力量在社区治理中的地位和作用，保障社会力量的参与权和表达权。例如，建立居民议事会制度，定期召开社区会议，让社区居民和各类社会组织有机会参与社区事务的讨论和决策。其次，政府应加强与社会力量的合作，通过资源共享和任务分工，形成协同治理的合力。政府可以通过购买服务或委托管理的方式，将部分社区服务和治理任务交给社会力量承担，从而充分发挥社会力量的专业优势和灵活性。同时，政府应加强对社会力量的扶持和引导，通过财政补贴、税收优惠、培训支持等多种措施，增强社会力量的服务能力和治理能力。

另外，信息化和数字化手段也是实现政府与社会力量协同的重要工具。通过建设社区信息化平台，实现信息的实时共享和高效传递，政府与社会力量能够更及时、更准确地了解社区需求和问题，共同探讨解决方案。例如，通过社区App、微信公众号等数字化平台，政府可以发布政策信息和治理动态，社会力量可以实时反馈民情民意和服务需求，实现双向互动和高效沟通。

政府与社会力量的协同还需要建立健全评价和激励机制。通过科学的监督评价体系，对政府和社会力量在社区治理中的绩效进行评估，及时发现问题，总结经验，以不断完善协同治理机制。此外，应建立健全激励机制，对在社区治理中表现突出的社会力量给予表彰和奖励，激发社会力量的积极性和创造性。

在政府与社会力量协同治理过程中，还要注重公众参与和社会动员。通过各种形式的宣传和引导，提高居民的社区意识和参与意识，增强社区的凝聚力和向心力。政府可以通过举办社区文化活动、志愿者培训等形式，吸引更多居民和社会组织参与社区治理。同时，注重建立社区互助网络，鼓励居民之间相互帮助、相互支持，形成良好的社区氛围。

第二节　居民参与和社区自治的新动向

一、居民参与的机制设计

有效的机制设计能够激发居民的主动性和积极性，实现社区治理的现代化与数字化。居民参与的机制设计需要综合考虑社区的多样性、居民的需求、多方利益的平衡以及信息技术的应用，才能促进居民与社区之间的良性互动。

社区治理并非一小部分人的任务，而是整个社区成员共同的事业。因此，设计机制时应确保不同年龄、性别、职业和社会经济地位的居民都能平等地参与到社区事务中。这不仅关乎公平问题，更重要的是能使各种不同的声音都被听到，从而促进社区的整体和谐与发展。例如，可以通过设立社区议事会，确保每个居民小组或专业群体都有代表参与，从而使得社区决策更加民主和透明。

机制设计时需要尊重居民的意愿和诉求，为其提供有效的参与渠道。居民参与社区治理的动力来自其自身的利益和生活需要。因此，设计机制时应关注如何满足居民的需求。可以通过问卷调查、意见征集、座谈会和公示栏等方式，广泛收集居民的意见和建议，识别出社区中的关键问题和矛盾点。对于重要的决策和政策，可以安排听证会或公示期，确保居民有充分的机会和时间表达意见。在数字化时代，还可以借助移动互联网和社交媒体平台，建立线上参与渠道，如社区App、微信小程序和网上论坛等，方便居民随时随地参与社区事务。

居民积极参与社区治理，需要看到参与的成效和反馈。设计机制时，要设立透明的反馈流程和时间表，对居民提出的建议和意见进行及时处理与回复。通过建立一套健全的信息公开和透明机制，确保社区事务处理过程的公开、公正。这不仅可以增强居民对社区事务的信任感，还能激发居民持续参与的积极性。此外，社区管理者需要通过各种形式定期向居民报告工作进展和成果，如社区会议、简报、公告和网络平台等，让居民了解他们的参与得到了什么成果，解决了哪些实际问题。

教育和培训机制也是居民参与机制设计的重要组成部分。居民参与社区治理需要一定的知识和技能，特别是在现代化与数字化的背景下，这显得尤为重要。为此，社区可以定期组织各种形式的教育培训活动，向居民普及社区治理相关的知识和政策法规，提高他们的法律意识和参与能力。可以邀请专家学者、社区工作者和成功的居民自治代表分享经验，提高居民对社区事务的理解和解决问题的能力。通过这些培训活动，不仅能提升居民的综合素质，还能增强他们的认同感和参与感。

参与社区治理不仅需要居民的热情和时间，也需要予以适当的肯定和奖励。社区可以通过设立各类评比和表彰机制，对积极参与社区事务、提出有建设性意见和付出实际行动的居民进行表扬和奖励，如颁发荣誉证书、物质奖励或提供一些优惠福利等。同时，可以通过各种形式的文化和娱乐活动增强社区凝聚力，如社区联谊会、志愿者活动和体育赛事等。这些活动不仅能丰富居民的业余生活，还能增进邻里之间的交流和合作，进一步激发居民参与社区治理的热情。

在数字化时代，信息技术的应用为居民参与机制设计提供了新的可能。社区可以借助大数据、云计算和物联网等先进技术，建立智慧社区平台，将各种社区事务和服务数字化、信息化。可以包括社区事务公示、在线投票、在线投诉和建议、便民服务等功能，为居民提供便利的参与渠道。数据分析技术还能帮助社区管理者更好地了解居民的需求和偏好，优化资源配置和服务内容，实现精准治理。

通过科学合理的机制设计，可以激发居民的内生动力，促进社区的自我管理和良性发展。无论是传统的参与方式，还是依托现代技术的创新手段，都需要以满足居民需求、尊重居民意愿和提升居民能力为核心，实现居民与社区之间的良性互动，共同推动社区的进步和发展。这样，才能在共同富裕的大背景下，建设一个文明、和谐、繁荣的社区。

二、社区自治的实现路径

社区自治指的是社区居民在法律和政策的框架内，通过民主的方式，自主决定和管理社区事务。这不仅增强了居民的主人翁意识，还有效提升了社区治理的效率和质量。现代化进程的推进使得原有的社区自治模式面临新的挑战，如人口流动性增加、利益诉求多样化等。同时，数字化技术的发展为社区自治提供了新的工具和方法，进而增强了社区的自我管理能力。

在社区自治的实现路径中，居民参与度是至关重要的。只有居民积极参与社区事务，社区自治才能真正发挥作用。为了提高居民的参与度，社区需要采取一系列措施。首先，社区应通过多种渠道进行宣传教育，使居民了解社区自治的重要性及参与方式。包括通过社区公告栏、网络平台、线下活动等多途径、多形式的宣传，使居民深入理解社区自治的内涵和意义。社区应定期组织居民座谈会、听证会等活动，听取居民意见和建议，保证居民的意愿和诉求能够在社区治理中得到充分体现。

为实现高效的社区自治，社区需要建立健全自治组织，如社区委员会、居民委员会等。这些自治组织应由居民民主选举产生，确保其成员能够代表居民的利益和诉求。自治组织应定期召开会议，讨论和决策社区事务，并向全体居民公开会议内容和决策结果，保证社区事务的透明度和公正性。同时，自治组织应充分利用数字化技术，通过线上平台开展工作，如在线投票、意见征集等，使居民能更加便捷地参与社区事务。

数字化技术的运用是现代社区自治的重要路径之一。通过云计算、大数据、物联网等技术，可以实现社区信息的互通互联，提升社区治理的智能化水平。例如，社区可以建立数字化社区平台，将社区资源、服务信息等整合到一个平台上，居民可以通过该平台便捷地获取信息、提出意见和建议、参与投票等。这不仅提高了居民参与社区事务的便捷性，还增强了社区治理的透明度和公正性。

为了进一步推动社区自治，还可以开展多样化的社区活动，以增强居民对社区的认同感和归属感。社区活动不仅可以作为居民沟通交流的平台，还可以作为居民自治的实践平台。例如，社区可以组织公益活动、文化活动、体育活动等，通过这些活动，增强居民的互动和合作，提高居民的凝聚力和归属感。社区可以通过组织志愿者队伍，鼓励居民自发参与社区服务，如社区清洁、安全巡逻等，以实际行动促进社区自治。

政府在推动社区自治方面发挥着重要作用。政府应出台相关政策和法律法规，为社区自治提供制度保障。同时，政府应加强对社区自治的指导和支持，如提供专项资金、专业培训等，提高社区自治的能力和水平。政府应建立健全监督和评估机制，确保社区自治的透明度和公正性，保障居民的合法权益。

社区自治的实现离不开居民的信任和合作。社区应积极营造良好的社区环境，构建和谐的邻里关系，增强居民的社区认同感和归属感。通过社区自治活动，建立居民之间的信任和合作关系，形成共同参与、共同治理、共同享有的良好社区氛围。社区自治不仅是社区管理的手段，更是一种生活方式和价值观念。通过社区自治，居民不仅能更好地管理社区事务，还能增强社会责任感和公民意识，为构建和谐社会贡献力量。

社区自治的实现不是一蹴而就的，需要在实践中不断探索和总结。社区需要根据实际情况，制定切实可行的自治方案，不断完善社区自治的机制和制度。在实践过程中，社区应充分尊重居民的意愿和需求，积极倾听居民的意见和建议，及时调整和改进工作，确保社区自治的顺利实施和持续发展。

社区自治是实现共同富裕的重要途径之一。通过社区自治，可以激发居民参与社区事务的积极性，增强社区的凝聚力和向心力，提高社区治理的水平和质量。因此，社区自治的实现路径不仅是社区治理现代化的具体体现，也是实现共同富裕的重要举措之一。

三、居民参与的实际案例

以某城市的一处社区为例，为了提升居民的参与度，该社区开展了一系列切实可行的措施，首先在居民间形成了广泛的意见征集机制。这种机制通过线上线下相结合的方式进行，线上主要利用社区微信公号、社区治理App等现代信息技术手段，提供意见征集渠道，居民可以在平台上发表对社区各类事务的意见和建议。线下则通过召开居民座谈会、小区自治委员会等形式，面对面地了解居民的想法和需求。居民的多样化参与方式，使得社区管理者能够全面了解居民的期望和关注点，从而在政策制定和实施过程中更有的放矢。

在某社区的垃圾分类项目中，居民参与的实际案例十分典型。该社区为了推动垃圾分类，从一开始就邀请居民代表参与项目策划。在项目启动前，社区委员会便组织了多次居民代表会议，征求意见，了解大家对于垃圾分类的看法和意见。特别是项目启动初期，社区动员了一批志愿者，经过培训成为垃圾分类宣传员和指导员，深入各个小区单元向居民讲解垃圾分类知识。另外，还设立了每周例行的垃圾分类体验活动，让居民亲身参与到垃圾处理的过程中，亲眼见证垃圾分类的好处与成效。这种广泛的参与，不仅提高了居民的环保意识，也在实际操作中延展了居民对社区事务的参与意愿和能力。

另一个值得探讨的案例是某市在社区养老服务中的居民参与实践。面对老龄化社会的到来，该市某社区在推进居家养老服务中，特别注重引导居民参与和发挥居民自治的作用。社区建立了一支由社区退休居民组成的义工队，这些义工不仅自身具备一定的专业知识，而且与老年居民有较为密切的联系。社区委员会通过培训和管理，确保义工队能够胜任基本的养老服务工作。这些义工在为老年居民提供服务的同时，还负责收集老年居民的服务需求及建议，定期向社区委员会汇报。最终，这种"居民服务居民"的模式不仅有效缓解了社区养老服务的压力，也让更多居民切身感受到了社区治理的温度和诚意，从而在主动参与中促进了社区自治的深入开展。

此外，在某市打造智慧社区的过程中，居民参与同样具有重要意义。社区通过建设智慧社区平台，将居民生活的各方面数据整合到这个统一的平台上，对于居民反映的问题和需求，管理者可以迅速获得精准的数据支持和响应。这一过程中，社区鼓励居民使用智慧社区App，不仅是作为便捷的工具，更将其视为参与社区治理的重要通道。通过平台，居民可以提交反映的问题、查询处理进展，可以参与投票、讨论社区公共事务，甚至还能参与社区的实时监控，共同保障社区的安全。与此同时，社区还积极开展数字化知识普及活动，让更多居民掌握基础的数字技能，从而使得智慧社区的构想真正落地。

社区花园项目是展现居民参与的另一经典案例。某社区为美化环境、提升居民生活质量，启动了社区花园建设项目。从一开始，项目就鼓励居民全程参与。社区花园设计方案通过居民投票遴选，花园的植物种类和布局也参考了居民的建议。更为重要的是，花园的日常维护工作全部由热心居民自发认领，大家轮流看护、浇水、修剪，形成了一种自治化的运作模式。在这个项目中，居民不仅是参与者，更是主人。这种高度的参与，不仅让社区花园真正成了居民的共同财产，也在潜移默化中增强了居民之间的互动与信任，树立了共同体意识。

随着社区治理的不断深化，各地的丰富实践一再证明：只有居民真正参与进来，社区治理才能更加贴近居民需求，社区自治才能更加有效地落地和运行，使得社区这一最基础的社会单元充满活力和生命力，从而为实现共同富裕的宏伟目标奠定坚实的基础。

四、参与与自治中的挑战

居民参与度不均衡是社区自治中的一大难题。不同居民对社区事务的关注度和参与意愿存在显著差异，部分居民缺乏对公共事务的兴趣，导致社区活动无法充分调动居民的积极性。这种参与度不均衡不仅影响了社区决策的民主性，还可能加剧社区内部的分化。例如，有的居民可能因为工作繁忙或对社区事务不了解而不愿参与，有的则因对社区管理模式不满意而选择消极对待。由此，如何激发全体居民参与的热情，使每个居民都能在参与过程中找到自己的角色，是社区自治亟须解决的问题。

社区自治需要居民具备一定的自治能力，但现实中，这种能力的培养存在较大困难。部分居民由于教育水平、生活环境等因素的影响，缺乏基本的自治能力和公共管理意识，无法在社区自治中有效发挥作用。此外，实践中还存在居民自治能力和社区治理需求之间的不匹配问题，例如，一些高级别的自治任务需要具备较高专业知识的居民参与，而许多普通居民难以胜任。因此，提高居民的自治能力，通过教育与培训提升他们的管理和参与素养，是实现社区自治的关键。

社区自治的法律和政策环境也是一项挑战。尽管国家和地方政府在法律法规与政策文件中明确支持和鼓励社区自治，但在实际操作中，仍然存在政策落实不到位的问题。某些基层政府或行政部门在实际执行中，往往将居民自治视为一种形式，缺乏真正的支持和保障。有时，政策的变动也可能导致自治行为的法律依据和操作标准不确定，从而影响自治实践的稳定性和连续性。为此，需要推动相关法律法规的健全和完善，确保政策落实的有效性和持续性。

信息不对称问题是居民参与和社区自治中另一个显著的挑战。尽管现代化信息技术逐渐普及，但信息获取的便捷性和透明度仍然不足。居民在参与自治过程中，往往难以获得全面、及时和准确的信息，从而影响了他们的决策能力。同时，信息不对称还可能导致谣言的传播和误解的发生，进而影响社会公正和社区的和谐。在这一背景下，如何利用数字技术提升信息公开透明度，确保居民能够充分获取相关信息，是社区治理需要关注的重要方面。

利益冲突是社区自治过程中不可避免的问题。社区内部不同利益群体之间的利益诉求差异导致了意见分歧和冲突，这些利益冲突如果处理不当，可能会影响社区自治的顺利进行和社区的和谐氛围。例如，老年人和年轻人在公共设施使用、资源分配等方面可能会产生不同诉求；不同经济收入的居民在社区福利分配上也可能存在矛盾。在这种情况下，如何通过有效的沟通和协商机制，协调不同利益诉求，实现利益平衡，成为社区自治的关键。

管理主权与外部干预也构成社区自治的一大挑战。尽管社区自治强调居民的自主治理，但实际上，政府各级部门对社区事务的干预仍然普遍存在。这种干预有时会削弱居民参与的自主性和积极性，将自治演变为行政化管理。同时，外部社团、企业等也可能出于自身利益考虑，干涉社区自治，导致自治的公平性和独立性受损。因此，厘清自治主体与外部干预之间的界限，确保居民在充分自治的前提下合理协同外部资源，是实现有效自治的重要条件。

居民自治的动力来源需要持续关注和激励。社区自治是否能够长期有效推进，取决于居民自治的内在动力和外在激励机制。现实中，由于缺乏物质利益和精神激励，部分居民对自治的积极性不高，导致自治组织缺乏活力和持续性。为了克服这一挑战，需要通过制定激励政策，如荣誉表彰、经济奖励等，增强居民自治的动力和责任感。同时，通过增强社区文化建设，培育居民对社区的认同与归属感，提升其参与热情，确保社区自治的可持续发展。

上述问题与挑战表明，实现居民参与和社区自治需要多方面的努力。除了制度设计的完善和机制的创新，还需要通过各种方式提升居民的自治能力和参与热情，确保信息透明和利益协调，加强社区文化建设，增强居民的认同感和归属感，从而形成长效的社区自治机制。通过不断探索和实践，可以在新形势下实现社区自治的新突破，推进社区治理的现代化与数字化进程。

第三节　数字化与智能化技术在社区治理中的应用

一、数字化技术的应用范围

从信息采集、数据分析、公共服务、社区安全，到居民参与和社区管理等多个维度，数字化技术正逐步渗透并改变社区治理的各个环节，极大提升了社区运营的效率和效果。

信息采集是数字化技术在社区治理中的基础应用之一。通过智能传感器、物联网设备、无人机等技术手段，能够实时、精确地收集社区环境、公共设施运行状态、人员流动等多维度数据。这些信息的高效收集不仅能帮助管理者了解社区的全貌，还能为数据驱动的决策提供有力支持。智能传感器可以监测空气质量、水质、噪音水平等环境指标，物联网设备能够实时追踪公共设施如路灯、垃圾箱、电梯等的运行状态，保证其正常运转。无人机技术在社区巡查、灾害监测与应急响应等方面也发挥着重要作用，能够迅速提供精确的现场信息。

数据分析在社区治理中进一步挖掘信息采集的价值。大数据、云计算和人工智能等技术能够对海量的社区数据进行深度分析，揭示隐藏的模式和趋势，预测未来可能出现的问题，优化资源配置和服务供给。通过大数据分析，可以发现影响社区安全的潜在因素，制定有针对性的预防措施。云计算技术则提供了高效的数据存储和处理能力，使得社区的数据管理更加灵活和可扩展。人工智能算法在居民需求预测、犯罪行为预警、应急响应方案推荐等方面展现出了巨大的应用潜力，为社区治理提供了智慧化的决策支持。

公共服务的数字化也极大提高了社区治理的效率和居民的满意度。数字化平台和移动应用使居民能够方便快捷地获取各类公共服务，如物业报修、在线医疗咨询、社区活动报名等。这些平台不仅拉近了社区管理者与居民之间的距离，还通过数据记录和反馈机制提高了服务质量。线上支付、电子合同等技术的应用使得公共服务流程更加高效透明，减少了人为干预的空间和潜在的腐败风险。智慧健康终端、智能家居设备等技术的应用让老年人、残障人士等特殊群体也能够享受到更加细致和贴心的公共服务，提升了整个社区的福祉。

社区安全是社区治理中的一项重要内容，数字化和智能化技术为此带来了显著的提升。通过视频监控、人脸识别、智能门禁系统等技术手段，可以实现对社区出入口、公共场所的全天候监控和管理，有效预防和打击犯罪活动，提高居民的安全感。人脸识别技术不仅可以用于社区出入口的身份验证，还能在发现陌生人员和违法行为时及时报警。智能门禁系统则可以通过手机App或者指纹识别等方式提供便捷的出入管理，确保社区内部的安全有序。结合大数据分析，能够对历史犯罪记录、可疑行为模式等进行深度挖掘，形成更加精准的安防策略。

居民参与是数字化技术在社区治理中的一个重要应用领域。通过社交平台、在线论坛和社区App等数字化工具，居民可以随时随地参与社区事务的讨论和决策，提高社区治理的透明度和民主化水平。居民的反馈意见能够直接传达给相关部门，促进问题的及时解决和服务的改进。在线投票系统、电子问卷调查等工具的应用，使得居民能够更加便捷地参与社区事务，表达自己的意愿和诉求。通过数据的积累和分析，可以了解居民的需求和关切点，为社区治理提供更加精准的支持和服务。

在社区管理方面，数字化技术同样发挥着重要作用。智能办公系统、数字档案管理、在线协同办公平台等技术优化了社区管理的流程，提高了工作效率和管理水平。智能办公系统可以根据工作需求自动调配人力资源，确保社区事务的高效处理。数字档案管理系统为各种文件、记录和合同提供了安全的存储和便捷的检索方式，减少了纸质档案的保管和管理成本。在线协同办公平台不仅使得多个部门之间的沟通和协作更加顺畅，也为远程办公和弹性工作提供了技术支持，特别是在突发公共事件期间，能够保障社区治理工作的连续性和稳定性。

数字化技术的应用范围是多维的、综合的，其在社区治理中的全面渗透不仅提高了管理效率，也改善了居民的生活质量，促进了现代社区的可持续发展。通过不断拓展和深化数字技术的应用，社区治理将迈向更加智能、更加人性化的新高度，为实现共同富裕的目标提供坚实的技术支撑和创新实践。

二、智能化技术的优势

智能化技术在社区治理中的优势是全方位的，它不仅提升了社区管理的效率和水平，还改善了居民的生活质量，增强了社区的安全性和凝聚力，为实现共同富裕提供了强有力的技术保障。

首先，智能化技术在社区治理中的应用使数据收集和处理变得更加高效和精准。传统的社区治理依赖于人工方式进行数据收集，不但效率低下且容易出错。而通过传感器、物联网设备和移动应用等智能技术，可以实时监测和收集社区中的各类数据，包括环境数据、人口数据、公共设施使用情况等。这些数据不仅可以迅速传输和存储，还能通过大数据分析技术进行深度挖掘和分析，为社区治理提供强有力的决策支持。比如，智能垃圾分类系统可以通过传感器识别垃圾类型，结合大数据分析社区居民的垃圾投放行为，进而优化垃圾清运路线和频次，提升资源回收效率。

其次，智能安防技术的应用显著提升了社区的安全水平。传统的安防措施主要依赖于人力巡逻和监控录像，这不仅耗费大量资源，还存在监控盲区和漏报现象。智能摄像头、无人机巡逻、智能门禁系统等技术的引入，使社区安防变得更加主动和实时。通过人脸识别和行为分析技术，智能摄像头可以快速识别潜在威胁，并及时发出警报，联动社区保安和警方进行处理。这不仅提高了安全事件的响应速度，还能大幅降低社区犯罪率。此外，无人机巡逻可以覆盖到传统巡逻难以到达的区域，例如高层建筑外墙和偏僻角落，进一步提升社区安防的全面性和精准性。

智能技术还极大地提升了社区公共服务的便捷性和互动性。通过智能社区平台，居民可以通过手机或计算机轻松获取各种社区服务信息，如物业通知、维修申请、活动预告等。同时，居民与社区管理者、服务提供者之间可以通过这个平台进行高效互动和反馈，显著提升了信息传递的效率和准确性。例如，智能停车管理系统可以通过车牌识别和移动支付技术，实现无感停车和自动扣费，解决了停车难、缴费繁的问题，提升了居民的使用体验。此外，智能健康监测设备可以实时监控居民的健康状况，特别是老年人和慢性病患者的健康数据，并将异常情况及时通知社区医生或家属，构建了一个更加关怀和安全的社区环境。

在环保和能源管理方面，智能技术也展现出了巨大优势。智能照明系统可以根据实时环境光照水平和人流情况自动调节亮度，既保障了光照需求，又大幅节约了能源消耗。智能供暖和空调系统通过对室内外温度、湿度的实时监测和分析，可以实现最优化的能源分配，减少不必要的能源浪费。此外，通过智能水务系统，社区可以实时监测用水情况、管网运行状态和水质指标，提高用水效率，及时发现和修复漏损问题，保障水资源的有效利用。

智能化技术不仅带来技术层面的升级，也促进了社区治理模式的转变。通过智能技术，可以构建社区自治和共同治理的新模式。居民可以通过智能平台参与社区事务的讨论和决策，表达自己的意见和建议，真正实现了参与式治理。例如，通过投票和讨论模块，居民可以共同决定社区的公共资源分配、公共设施建设等事务，增加了社区管理的透明度和参与感，增强了社区的凝聚力和认同感。

在应急管理和灾害预防方面，智能化技术也展现出了强大的优势。通过智能预警系统，可以实时监测和预测自然灾害、公共卫生事件等突发情况。例如，地震预警系统可以在地震波到达之前几秒到几十秒发出预警，为居民争取宝贵的逃生时间。智能消防系统通过烟雾传感器、温度传感器等设备，可以在火灾初期及时发现并启动自动灭火装置，减少火灾损失。这些智能应急系统的引入，不仅提高了社区的抗风险能力，也增强了居民的安全感。

此外，智能化技术还能有效促进社区文化和教育的发展。通过智能图书馆和在线学习平台，居民可以随时随地获取丰富的阅读和学习资源，提升自身的文化素养和知识水平。而智能娱乐设施如VR体验馆、智能健身设备等，则为居民提供了更加丰富和交互的文化娱乐选择，提升了社区生活的多样性和品质。

三、技术应用中的问题与对策

在今日社会中，数字化与智能化技术迅速渗入各行各业，社区治理也不例外。这些技术不仅提升了社区治理的效率和精准度，还在实现社区发展和公共服务中的创新。然而，技术的应用在推动社区治理现代化的进程中，不可避免地会遇到一些问题和挑战，如何应对这些问题并提出有效对策，是我们亟须攻克的关键难题。

数字化与智能化技术在社区治理中的应用受限于技术设施不完善和资源分配不均衡。这些技术依赖于高质量的网络基础设施和硬件设备，而在许多社区，尤其是传统和经济落后地区，网络覆盖和设备普及率较低，导致技术应用效果大打折扣。此外，不同社区由于经济实力不同，资源分配上也存在显著差异，这在一定程度上限制了技术的全覆盖和广泛应用。要解决这一问题，需要政府和相关部门在政策和资金上予以支持，确保各类社区能够公平地享有数字化与智能化技术带来的便利，同时推进基础设施建设，提高网络覆盖率和设备普及率。

技术应用过程中存在的信息安全和隐私保护问题也是一大挑战。社区治理涉及大量居民的个人信息，数字化和智能化技术的广泛应用使得这些信息在采集、存储、传输和处理过程中，面临被泄露、篡改和滥用的风险。为了确保居民的信息安全和隐私保护，必须建立健全的信息安全保障体系，制定严格的信息管理制度。同时，要引入和推广先进的加密技术和数据保护手段，建立完善的信息安全监控机制，确保信息在整个流程中的安全。

尽管数字化与智能化技术给社区治理带来了革命性的变化，但也导致一些老年人、低学历居民及其他不熟悉现代技术的群体被边缘化。这些人对新技术的适应能力较弱，使用技术手段获取和享受社区公共服务存在困难，进一步加剧了社区内部的数字鸿沟。化解这一问题，需要加强对居民的数字素养教育，特别是对老年人和弱势群体开展定期的数字化技能培训，提高他们对技术的接受度和使用能力。此外，技术应用设计时应考虑到不同人群的需求和使用习惯，推出简单易操作的界面和功能，并提供多渠道的帮助和支持服务。

数字技术带来的治理模式转变也需要对社区管理者提出更高的要求。传统的社区管理模式主要依赖于线下沟通和人工处理，数字化与智能化技术的推广要求管理者具备更高的技术素养和管理能力。面对这场管理模式的变革，部分社区管理者可能在短时间内难以适应，影响社区治理的效果。为此，必须加强对社区管理者的专业培训和技术教育，使他们能够充分理解和掌握新技术，提高管理和服务的效率。同时，建立技术支持团队，提供技术咨询和操作指导，帮助管理者更好地使用技术工具。

数字化与智能化技术在提升社区治理效率的同时，也伴随着技术故障、系统漏洞和网络攻击等风险。这些风险一旦发生，可能会对社区治理产生严重影响，导致服务中断和信息泄露。因此，有必要建立和完善技术应用的风险防范机制，确保在遭遇问题时能够迅速采取应急措施。要加强技术系统的日常维护和升级，进行定期的安全检查和风险评估，同时建立应急预案和快速响应机制，提升技术系统的稳定性和抗风险能力。

数字化与智能化技术在社区治理中的广泛应用，需要处理大量居民的日常行为数据和个性化信息，这可能引发一些伦理问题，如数据的过度采集和滥用。为了在技术应用中坚持伦理底线，确保居民的权益得到保障，必须制定合理的数据使用和保护规范，明确数据使用的范围和目的，杜绝非法收集和滥用。同时，要建立公众监督机制，增强技术应用的透明度和公众参与度，让技术为社区治理服务，而不是侵害居民的权益。

四、成功应用的典型案例

在数字化与智能化技术快速发展的背景下，越来越多的社区开始应用这些技术手段来提升社区治理的效率和效果。社区治理的数字化与智能化不仅使得管理者能够更精准地掌控社区动态，也使得居民能够更方便地享受到公共服务。

北京海淀区的智慧社区建设项目是一个备受关注的成功案例。该项目以物联网、大数据、云计算和人工智能等技术为依托，构建了一个智慧社区治理平台。这个平台能够实时监控社区的各类公共设施，如路灯、电梯等，通过传感器和摄像头等设备，随时了解它们的运行状态。如果出现问题，系统会自动发出警报并通知相关维护人员进行处理，从而避免了因设备故障而导致的居民生活不便。此外，这个智慧平台还支持垃圾分类管理系统，通过扫描垃圾桶上的二维码，居民可以了解垃圾桶的使用情况和即将清理的时间，在一定程度上解决了垃圾堆积的问题，大大提升了社区环境的整洁度。

上海浦东新区的智慧医疗服务项目则是另一个体现出社区治理成功的应用案例。在人们日益关注健康的今天，智慧医疗服务通过利用互联网和数字化技术，为社区居民提供了便捷的医疗服务。居民可以通过手机App预约医生，到社区诊所就诊，从而避免了医院排长队的麻烦。不仅如此，智慧医疗平台还可以集成居民健康档案，医生在诊治时可以实时了解患者的病史和过往治疗记录，提升了诊断的准确性和治疗的针对性。而对于行动不便的老年居民，智慧医疗服务则提供了远程问诊和家庭医生等服务，通过视频通话和健康监护设备，医生可以实时了解患者的健康状况并进行相应的指导，从而实现医疗资源的有效利用和居民健康的精准管理。

在浙江杭州，社区治理的智慧化也得到了成功的实践。依托大数据分析和人工智能算法，杭州的智慧社区治理平台能够精确分析社区居民的需求和行为模式，进而提供个性化的服务。例如，通过对居民日常行为数据的分析，平台可以生成社区居民的健康和安全评估报告，并提出相应的健康和安全建议。此外，智慧治理平台还能够进行智能门禁管理，通过人脸识别和身份证验证，确保进入社区的人员都是合法的，极大提高了社区的安全性。在新冠疫情期间，杭州的智慧社区治理平台通过大数据分析和实时监控，有效地进行疫情防控工作。平台不仅可以追踪疫情传播路径，还能实时统计社区内的确诊、疑似和隔离人员，及时采取相应的防控措施，最大限度地减少了疫情对社区居民的影响。

广东深圳的智慧停车系统在社区治理中的成功应用，也显示了数字化技术的巨大潜力。深圳的智慧停车系统利用物联网和大数据技术，通过在社区内各个停车位安装传感器，实时监控停车位的使用情况，并将数据传输到云平台。居民通过手机App，可以实时了解社区内停车位的空余情况，并进行预约和支付，从而有效解决了社区内停车位不足和乱停车的问题。智慧停车系统的应用，不仅提升了居民的出行便利度，也降低了社区内交通拥堵的现象。

智慧社区信息系统在天津武清区的应用案例也是不可忽视的。该系统通过整合社区内的各类信息资源，如居住信息、物业管理信息、治安信息等，为社区管理者提供了一个综合性的信息管理平台。借助这个平台，社区管理者可以对社区的各种信息进行实时监控和分析，及时发现和解决存在的问题。如火灾报警系统，一旦某个区域发生火灾，系统将自动报警，并在第一时间通知消防部门和居民，极大地提升了社区的安全保障水平。智慧社区信息系统还通过建立居民意见反馈平台，居民可以随时通过手机App或网页提交他们对社区管理和服务的意见和建议，管理者可以根据这些反馈，不断改进和提升社区治理工作。

在西安，智慧能源管理系统则提供了一个数字化和智能化技术在社区治理中应用的成功案例。通过先进的能源监控和管理技术，西安的智慧能源系统能够实时监控社区内的水、电、气等能源的使用情况。系统不仅能够精确统计每户居民的能源消耗数据，还可以分析社区整体的能源使用趋势，根据分析结果，制定合理的能源使用计划，达到节能降耗的目的。例如，在用电高峰期，系统会自动调节中央空调的开启和关闭时间，以达到节能的效果，同时，居民也可以通过App查看自家的能耗情况，合理安排用电时间，降低能源消耗。

以上案例展示了数字化和智能化技术在社区治理中的广泛应用，这些技术不仅提升了社区治理的效率和效果，也大大提高了居民的生活质量。未来，随着技术的进一步发展，数字化和智能化技术在社区治理中的应用将更加广泛和深入，从而实现社区治理的现代化和智能化。

第四节　社区治理中的数据安全与隐私保护

一、数据安全的基本原则

社区治理中的数据涉及人们的个人信息、生活习惯、健康状况等一系列敏感内容，妥善处理这些数据至关重要。首先需要深入理解数据安全的一些基本原则，这些原则不仅为数据的采集、存储和使用提供了道德和法律上的指导，也为技术实现提供了适宜的路径。

数据最小化原则要求在数据采集和处理过程中只收集和使用必需的数据。这不仅减少了数据泄露的风险，也能减轻系统负担，提升数据处理效率。在社区治理中这一原则可以避免对居民进行过度的数据收集和监控，尊重其隐私权利，维护和谐社区环境。

数据准确性原则强调所采集和处理的数据必须是准确和最新的。数据错误可能带来严重后果，例如错误的健康数据可能影响医疗决策，失真的身份证明信息可能导致不当的法律行动。在现代社区治理中，通过定期的数据审核、更新机制和纠错机制，能够确保数据的可信度和准确性，进而提升治理效率和居民的信任感。

透明性和合规性原则在现代社区治理数据安全中扮演关键角色。透明性要求数据处理的过程应清晰、公开，确保数据主体能够知晓其数据的流向和用途。合规性则强调数据处理必须遵循现行法律法规以及社区治理中的相关规章制度。在这个过程中，社区治理机构需要向居民公开数据收集、存储和使用的政策，提供透明清晰的信息公告，并设立相应的反馈渠道，让居民可随时查询和了解自身数据的使用状况。

数据安全防护原则包含多个方面，包括数据加密、访问控制、数据备份等多种技术措施和管理手段。数据加密是确保数据在传输和存储过程中不被未授权方获取的一项关键技术手段，能够有效防范数据泄露和丢失。访问控制通过设置权限确保只有经过授权的个体和组织能够访问敏感数据，避免数据滥用和非法使用。同时，数据备份则为意外数据丢失和破坏提供了重要保障，通过定期备份可以有效减少数据丢失带来的风险和损失。

对于社区治理而言，数据安全和隐私保护不仅是一个技术问题，更是一个涉及社会结构、道德伦理和法律框架的问题。在管理实践中，社区治理机构应建立健全数据安全管理制度，明确责任分工，加强数据安全教育和培训，提高工作人员的数据安全意识。引入专业的数据安全评估和监测工具，定期对系统进行安全审查，识别潜在风险，及时进行漏洞修补和安全加固。

数据安全的基本原则不仅适用于数据处理和保护的技术层面，更需要全方位融入社区治理的战略、政策和日常运营中。这意味着，从数据收集开始到数据销毁的整个生命周期，都应严格遵循数据安全原则，确保数据从来没有被无权访问或者使用。尤其在数据共享和开放方面，必须进行严格的安全评估，确定数据可以在何种条件下共享，以及哪些数据需要严格保密。

进一步来说，数据安全的基本原则也是对社会工作中的数据伦理的详细体现。在社会服务过程中，尤其是涉及儿童、老年人等弱势群体的数据时，需要特别谨慎。实施决策之前需要对可能的数据伦理问题进行全面评估，确保操作符合同理心和伦理准则。应建立透明的投诉和处置机制，让居民可以安心地就自己的数据隐私提出疑虑和申诉，并确保任何数据安全事故都能得到及时妥善的处理和改进。

二、隐私保护的法律框架

在现代化和数字化的背景下，社区治理正迅速发展。其中，数据安全与隐私保护成为关键问题，对此进行有效的法律框架构建是保障社区治理健康、有序发展的基础。隐私保护的法律框架首先要明确个人信息的定义和范围。个人信息法律保护的核心在于对"个人信息"这一概念的界定，明确什么样的信息属于个人隐私范围。个人信息不仅包含姓名、联系方式、住址，还包括位置信息、家庭成员信息、健康数据、生物特征等。一些细微或看似无关紧要的信息，经大数据技术的处理和关联分析，也可能构成对个人隐私的侵害。

其次，数据收集的合法性和必要性也是隐私保护不可或缺的一部分。数据的合法收集意味着必须获得个人的明确同意，并且这种同意是基于充分知情的前提。法律框架应规定数据收集的范围和目的，确保数据收集的必要性。例如，社区治理中的某些数据，如居民的健康信息、社会关系网络等，虽然有助于提高服务质量和社区管理的效率，但这类数据的收集和使用必须有严格的法律依据，确保其不被滥用。

在数据存储、处理和共享的过程中，必须有严格的安全措施。法律框架需明确要求数据控制者和处理者采取适当的技术和组织措施，确保数据的安全性和机密性，防止数据泄漏、篡改和滥用。数据在存储过程中，需进行加密处理，并采取分级管理权限，确保只有授权人员才能访问特定数据。数据处理需要对个人信息的匿名化和去标识化进行规范，减少风险。此外，数据的共享和转移也需经过严格审核，确保数据在流动过程中不被非法获取和使用。

个人信息权益的法律保护还应包括"知情权"和"控制权"。知情权意味着个人有权知道其信息被何单位、以何种方式收集和使用。一方面，社区治理机构在收集居民信息时，必须保证信息透明，明确告知信息收集的目的、使用方式和保留时间等；另一方面，居民有权查询、修改和删除自己的信息，确保信息的准确性和完整性。控制权则意味着个人对其信息的主权控制能力，即个人可以随时撤销同意，要求停止使用其信息或删除其数据。

法律框架需制定明确的责任制度，对侵犯隐私行为进行严厉打击。具体而言，应建立和完善隐私侵权的法律责任体系。在社区治理的数据应用过程中，任何对居民隐私的侵犯，包括未经授权的数据收集、存储、处理和共享，都应受到法律制裁。对于隐私侵权的机构和个人，应依法追究其民事责任、行政责任乃至刑事责任。这不仅有助于维护受害者的权益，也能对潜在的违法行为形成有效震慑，促使社区治理更加合法、合规。

另外还需特别重视国际合作与标准化。社区治理的数据应用往往涉及跨国界的数据流动和处理。这要求法律框架具有一定的国际视野，能够与国际隐私保护法规、标准接轨。例如，欧洲的《通用数据保护条例》（GDPR）为全球数据隐私保护提供了一个较为完备的法律参照。在制定国内隐私保护法律时，可以充分借鉴GDPR等国际标准，提升法律的科学性和可操作性，确保在国际数据交流与合作中的法律对接和互认。

为了确保隐私保护法律框架的有效实施，还需建立独立的监督和执法机构。这些机构应具备独立性和权威性，具有调查、监管和处罚的职能。具体工作包括，对社区治理机构的数据处理活动进行审查和监督，接收和处理居民的投诉与申诉，定期发布隐私保护报告，公开侵权案例，公布处罚结果等。监督和执法机构的存在不仅能增强法律实施的透明度和公正性，也能提升居民对社区治理的信任度。

除了法律法规，技术措施同样不可忽视。在社区治理过程中，采用先进的隐私保护技术手段，可以有效减少隐私风险。例如，采用零知识证明技术、联邦学习技术、隐私计算技术等，可以在不暴露个人具体数据的情况下，保障社区服务和治理的有效性。这些技术手段需要与法律框架相辅相成，形成综合性的隐私保护体系。

教育和宣传也至关重要，应通过多种途径向社区居民普及隐私保护知识，增强他们的法律意识和自我保护能力。可以通过社区讲座、宣传册、线上培训等形式进行。在提高居民隐私保护意识的同时，也要加强社区治理机构工作人员的法律培训，提高他们的法律素养，使其在工作中自觉遵守隐私保护的法律规定。

隐私保护法律框架的构建，是一个系统工程，涉及数据的收集、存储、处理、共享等多个环节。只有在全面考虑各个环节的数据安全与隐私风险后，制定科学合理、操作性强的法律制度，才能真正实现社区治理的现代化与数字化，才能有效保障居民的合法权益，促进社会的和谐与稳定。在这个过程中，不仅需要立法机关、执行机关的共同努力，也需要全社会的广泛参与和支持。

三、数据安全的技术手段

随着数字化技术的普及，大量的数据在社区治理过程中被广泛应用，然而，这些数据的移动、存储、处理和共享过程中，潜在的安全威胁和隐私问题层出不穷。因此，深入探讨和应用先进的数据安全技术手段是保证社区治理现代化和数字化顺利推进的关键。

数据加密技术是一种基础且重要的数据安全手段。加密技术通过将数据转换为非可读格式，确保只有授权用户才能访问和解读这些数据。在社区治理中，居民的个人信息、公共事务数据以及各种反馈信息都应该通过加密技术进行高强度保护。对称加密和非对称加密是目前应用广泛的两种方法，对称加密虽然计算效率高但密钥管理复杂，而非对称加密则解决了密钥分发问题，但计算复杂度较高。业界通常会结合两者的优势，采用混合加密的方法，在确保数据解密安全性的同时保障系统的高效运作。

访问控制技术对数据安全同样重要。通过访问控制技术，社区治理系统可以有效地限制不同用户对数据的访问权限，确保数据仅在授权范围内被使用。访问控制技术包括基于角色的访问控制（RBAC）和基于属性的访问控制（ABAC）等多种方法。在社区治理中可以根据用户的身份、职责、权限等属性采取相应的访问控制策略。例如，社区管理员有权访问所有居民的基本信息，但居民间相互访问信息时，可能被限制为只能查看部分非敏感数据。

数据脱敏技术在保障数据安全和隐私保护方面有着重要意义。脱敏技术在数据外部共享和公开时，通过替换、变换或移除敏感数据来防止隐私泄露。例如，在社区治理中的数据公开展示时，对包含个人身份信息的数据进行脱敏处理，可以有效防止隐私信息外泄。同时，数据脱敏技术也在数据分析过程中起到了保护作用，既可以利用脱敏后的数据进行有效分析，又能避免敏感数据的暴露。

入侵检测系统（IDS）和防火墙是防御外部攻击的重要技术手段。IDS通过监控网络流量可以检测并报警潜在的入侵尝试。而防火墙则通过设置数据包过滤规则在数据传输的入口点阻挡有害的数据流。在社区治理的信息系统中，IDS和防火墙共同建立了一道可靠的安全屏障，有效防止黑客的入侵及恶意软件的传播，保障了系统内部数据的完整性和保密性。

多因素认证（MFA）技术已经成为保障敏感数据访问安全的标准配置。MFA不仅限于用户的密码认证，还结合了生物识别、短信验证码、硬件令牌等多种认证方式，大幅提升了账户安全性。在社区治理平台中，多因素认证能够确保只有经过多重验证的合法用户才能访问重要数据，这对保护关键数据和防止账户被盗用具有重要作用。

审计和监控技术同样是数据安全技术手段的重要组成部分。通过实施数据使用和访问的实时监控以及详细日志记录，可以对任何异常活动进行及时响应和处理。日志审计能帮助社区治理系统在发生安全事件时进行溯源分析，从而找出安全漏洞或认定责任人。在数据安全管理过程中，定期的审计和监控不仅是发现和修补安全隐患的重要途径，也是系统运维和优化的重要手段。

数据备份和恢复机制是应对数据丢失和破坏的最后一道防线。定期的数据备份可以有效防范因系统故障、攻击事件或人为误操作而带来的数据损失。在社区治理系统中，采用多重备份策略，将数据备份存储在不同的物理和逻辑位置，并确保备份数据的完整性和可用性，可以大幅降低数据意外丢失和破坏的风险。同时，具有高效恢复能力的数据恢复机制，能够在数据丢失事件后迅速恢复系统的正常运行，保障社区服务的不间断和稳定性。

在数据安全技术手段不断发展的过程中，人工智能和机器学习技术也逐渐应用于数据安全领域。通过智能分析海量日志数据和用户行为模式，机器学习算法可以识别异常和潜在威胁，提升入侵检测的效果。在社区治理系统中，人工智能技术的应用，有助于优化安全策略、提升威胁响应速度，并助力构建更加智能化、精准化的安全防护体系。

在数据安全技术手段的实际应用中，技术和管理相结合是确保数据安全的基本策略。技术手段提供了有效的安全工具，但没有有效的管理策略和运行规则，再先进的技术也难以发挥应有的作用。在社区治理过程中，应建立健全数据安全管理制度，定期开展安全培训、演练和测试，以确保技术手段能够有效实施和持续优化。

通过综合运用上述多种数据安全技术手段，可以构建起全方位、多层次的数据安全防护体系。在社区治理的数字化过程中，这些技术手段的应用既保障了数据的安全和隐私，又推动了信息系统的高效、稳定运作，为实现社区治理现代化和数字化奠定了坚实的基础。

四、隐私保护的具体措施

随着信息技术的迅猛发展，如何确保敏感信息不被非法获取、滥用或泄露，如何在数据处理和共享的过程中保障居民的隐私权，已经成为必须深入探讨的重要课题。

要有效保护隐私，首先需要全面且详尽的法律框架。法律法规是隐私保护的基石，明确规定哪些数据可以收集、如何存储和处理、哪些人有权访问这些数据等细节，是保护居民隐私权的重要前提。制定并不断完善数据保护法律，确保其与时俱进，适应科技发展的步伐，是保障数据安全和隐私保护的首要措施。各级政府和相关立法机构应联合数字安全专家，参考国际先进经验，构建具有前瞻性和实效性的法律体系。同时，严格执法也是不可或缺的一环。法律的威慑力不仅在于其本身的条文，还在于其执行的力度和公平性。建立健全审查机制和惩罚措施，确保违法行为能够得到及时有效的遏制，才是确保数据保护法律落到实处的关键。

在此基础上，技术手段的应用是实现数据安全与隐私保护的重要举措。加密技术是数据保护的核心技术之一。

机构和组织的隐私保护责任意识和管理规范也至关重要。各社区治理相关机构和组织应建立健全数据保护的责任体系，明确各级人员的隐私保护职责，开展定期的数据保护培训，提高工作人员的数据安全意识和技术水平。在数据的收集和处理过程中，严格遵循"最小化原则"，即只收集和处理实现特定目的所必需的数据，避免不必要的隐私泄露风险。定期开展隐私影响评估，针对新技术、新业务引发的潜在隐私风险，及时采取相应的应对措施。此外，完善的数据泄露响应机制能够在数据泄露突发事件中迅速应对。通过预先制定并演练数据泄露应急预案，确保在事件发生时能够及时发现、报告、隔离和修复，尽量减少对个人隐私和社区治理造成的负面影响。

居民自身的隐私保护意识也是有效保护数据安全的重要环节。通过广泛宣传和教育，提高居民对隐私保护重要性的认识，指导他们在日常生活中如何保护个人信息。例如，不随意提供个人敏感信息、定期更新个人账号密码、谨慎对待各类线上线下的隐私授权请求等。社区可以利用多种形式，如讲座、公开课、社区公告等，普及相关知识，提升居民的隐私自我保护技能。

隐私保护的具体措施还包括第三方评估和独立监督。引入第三方独立机构对社区治理过程中涉及的数据处理和隐私保护进行评估和审核，能够发现和改进现有措施中存在的不足，确保数据处理公开透明、合法合规。通过引入外部视角，不仅能够提高信息透明度和公众信任度，也可以通过客观公正的评估结果，推动相关机构不断优化和完善数据保护措施。

另外，国际合作与经验交流也是值得重视的方面。随着全球信息化进程的加快，隐私保护问题早已超越国界，成为全球共同关注的焦点。通过借鉴国际先进经验，积极参与国际数据保护标准的制定和实践，能够为本地社区治理提供有益的参考和支持。开展国际交流与合作，分享成功案例和失败经验，有助于共同应对数据安全与隐私保护的全球性挑战。

第五节　国内外成功社区治理模式对比

一、国际社区治理成功案例

随着全球化的进程和社会经济的快速发展，社区治理的现代化和数字化已经成为世界各国政府和社会各界关注的焦点。社区作为社会的基本单位，承载着居民日常生活的方方面面。因此，如何有效治理社区，提升社区服务水平，已经成为城市管理的重要议题。国际上有许多成功的社区治理案例，这些案例在创新社区治理模式、提升社区服务水平、促进社区居民参与等方面展示了卓越的成效，对于我们理解社区治理的现代化与数字化有着重要的借鉴意义。

新加坡的社区治理模式一直被视为国际先进的典范。新加坡政府注重社区的规划与发展，通过"一站式"社区中心为居民提供全面的服务。社区中心是新加坡社区治理的重要载体，集文化娱乐、教育培训、医疗卫生等多功能于一体，为居民提供便捷高效的服务。新加坡社区治理的另一大特色是"居者有其屋"计划，该计划不仅解决了居民的住房问题，更通过社区规划和环境改造提升居民的生活质量，促进了社区的和谐稳定。此外，新加坡政府还积极推动社区居民的参与度，通过各类社区活动和志愿服务项目，增强居民的归属感和参与感，形成良好的社区氛围。

瑞典的社区治理模式则以其高效的社会福利体系和强大的居民自治为特点。瑞典实行的是高度分权的治理模式，政府在社区治理中更多地起到支持和监督的作用，而具体的社区服务由各类社会组织和居民自治团体来实现。瑞典的社区治理注重居民的主动参与，通过民主选举、公共听证会、社区咨询等多种形式，充分听取居民的意见和建议，确保社区发展的决策过程透明、公正。此外，瑞典的福利体系为社区治理提供了有力的保障，政府在医疗、教育、住房等方面的投入，为居民提供了良好的生活保障，提升了社区的整体生活水平。

荷兰的社区治理模式同样具有独特的优势。荷兰社区治理倡导社会参与和合作治理，通过政府、社区和社会各界的共同努力，实现社区的可持续发展。荷兰政府在社区治理中强调"三赢"原则，即政府、社区和市场共同受益，推动多元主体共同参与社区发展。社区居民在社区治理中的地位和作用得到了充分的重视，通过社区议会、居民委员会等形式，居民可以直接参与社区事务的讨论和决策，提升了社区治理的透明度和灵活性。此外，荷兰的社区治理还注重环境保护和可持续发展，通过绿色社区的建设和生态规划，提升居民的生活质量和环保意识。

日本的社区治理模式在应对老龄化社会方面具有重要的借鉴意义。随着人口老龄化的加剧，日本政府在社区治理中注重老年群体的关怀和服务。日本的"社区综合照料系统"是应对老龄化社会的重要举措，通过综合医疗、养老服务、社会参与等措施，提升老年居民的生活质量。此外，日本的社区治理还注重文化传承和社区融合，通过各类社区活动和文化项目，增强居民的文化认同感和社区凝聚力。日本的社区治理模式展示了在老龄化社会背景下，如何通过创新和多元化的服务体系，提升社区的凝聚力和居民的幸福感。

美国的社区治理模式则以其高度的多样性和创新性为特点。得益于发达的民主制度和公益慈善文化，美国的社区治理注重居民的自主性和创新精神。社区基金会、非营利组织、志愿者团队等在美国社区治理中发挥着重要作用，通过多元化的社会力量，推动社区发展的创新和进步。美国的"智慧社区"建设是社区治理数字化的重要实践，通过物联网、大数据、人工智能等先进技术，提升社区服务的智能化水平，为居民提供安全、便捷、高效的生活环境。此外，美国的社区治理还注重以人为本的理念，通过社区艺术、社区教育等项目，增强社区的文化氛围和居民的幸福感。

从以上国际社区治理成功案例中可以看出，成功的社区治理模式具备一些共同特点。首先，政府的支持和引导是社区治理成功的关键，政府通过政策、资金和服务的支持，促进社区的稳定和发展。其次，居民的参与和自治是社区治理的核心，只有充分调动居民的积极性和主动性，社区治理才能实现共治共享。再次，多元主体的共同参与是社区治理的有效途径，通过政府、社区、市场和社会各界的合作，推动社区的可持续发展。最后，科技创新和数字化是社区治理现代化的重要手段，通过先进技术的应用，提升社区服务的智能化水平，为居民提供更高质量的生活。

借鉴国际成功的社区治理案例，对于提升我国的社区治理水平、推动社区治理的现代化与数字化具有重要的参考价值。通过学习和吸收国际先进的社区治理经验，结合我国的实际情况和社会需求，从而创新社区治理模式，提升社区服务水平，促进社区的和谐发展，推动共同富裕目标的实现。

二、国内社区治理先进模式

在中国，社区治理的先进模式以其多样性和独特性展现了卓越的管理智慧和社会整合能力。在探讨国内社区治理的先进模式时，有几种具体的模式值得深入研究和借鉴。首先是"街道办事处+居委会+物业公司"模式。这种模式在中国的大中型城市中较为普遍，街道办事处作为政府派出机构，居委会作为居民自治的组织形式，物业公司则负责社区的物业管理和服务。他们各自履行职责，通过协调与合作，形成社区治理的合力。街道办事处负责公共服务和行政管理，居委会负责基层组织建设和居民自治，物业公司则负责日常物业管理和维护公共设施。

这种三方合作的模式具有明显的优势。街道办事处可以迅速传达政府的政策和指示，并监督居委会和物业公司的工作效率。居委会在基层有着广泛的群众基础，可以发动居民参与到社区治理中来，提高社区治理的民主化程度。物业公司则专业化地提供物业服务，确保社区的环境整洁、设备维护到位。这种模式在一定程度上解决了社区治理中的职责分工不清、工作水平参差不齐等问题，确保了社区治理的有序和高效运行。

另一种值得关注的模式是"网格化管理"模式。网格化管理是将一个社区划分为若干个管理网格，每个网格都有特定的工作人员负责日常巡查和管理。通过这种精细化、网格化的管理方式，可以实现社区管理的全覆盖和无死角监管。网格员不仅是管理者，也是服务者和信息员，他们在日常工作中收集居民的意见和诉求，及时反馈给上级部门。这种模式有效地解决了信息不对称、管理盲区等问题，提升了社区治理的科学性和效率。

特别是在一些大规模的社区和新型城市化地区，网格化管理模式具有显著的优势。通过与现代数字化技术的结合，社区可以利用物联网、大数据、人工智能等先进技术进行信息的采集、处理和分析，进一步提升社区治理的智能化水平。居民通过社区App或微信公众号等平台，可以便捷地进行意见反馈和事务办理，实现公共服务的"指尖化"管理。这种模式的推广和应用，不仅提升了社区治理的效率和质量，也提高了居民的参与感和满意度。

值得一提的还有党建引领的社区治理模式。党建引领是中国特色基层治理的核心方式，通过发挥党组织的战斗堡垒作用和党员的先锋模范作用，形成坚强的基层组织保障。具体而言，社区通过建立党组织架构，设置党组织活动场所，不断增强党组织的凝聚力和战斗力。在实际工作中，通过党员带头、群众参与，充分利用社区资源，开展各类公益活动和社区服务，凝聚社区力量，增强居民的归属感和认同感。

这一模式的独特之处在于其政治动员和社会整合功能。通过党建引领，可以实现社区各类资源的统筹调度和高效利用。尤其是在重大突发事件和危机情况下，党组织的动员能力和组织能力可以迅速集结力量，展开应急救援和服务工作，维护社区的稳定和安全。在日常治理中，通过党组织的思想引领和党员示范带动作用，可以有效提升社区居民的社会责任感和参与意识，形成良好的社区氛围和社会风尚。

还有一种值得深入探讨的模式是自组织型社区治理模式。这种模式以居民自治组织为核心，强调居民自我管理、自我服务和自我监督。在这种治理模式中，居民通过组建各种自治组织，如业主委员会、社区志愿者协会、邻里互助小组等，主动参与社区事务的管理和决策。这种模式特别适用于那些居民素质较高、参与意愿强烈的社区，它的优势在于能够激发居民的主体意识和自治能力，推动社区的自主管理和民主治理。

自组织型社区治理模式能够促进社区的自主发展和社会资本积累。通过各种自治组织，居民能够在解决具体问题的过程中，增强合作意识和互助精神，形成强大的社会网络和信任关系。这不仅有助于解决社区内部的矛盾和冲突，也为社区的长远发展提供了坚实的社会基础。同时，这种模式还可以通过居民的实际参与和体验，培养居民的公共精神和社区意识，为整个社会的和谐稳定和可持续发展贡献力量。

上述几种模式在国内的实际应用中都取得了显著的成效，各具特色，互为补充。通过深入研究和推广这些先进模式，可以为全国各地的社区治理提供有益的借鉴和参考。提高社区治理水平是一项系统工程，需要结合社区的实际情况，因地制宜，探索和创新适合本地发展的治理模式。通过不断实践和优化，可以逐步实现社区治理的现代化和精细化，推进社会的和谐与共同进步。

三、中外社区治理模式比较

社区治理模式的比较需要从多个维度进行详细探讨，包括治理结构、参与方式、法律法规、社区资源整合以及社区文化等方面。全球各国和地区在社区治理模式上都有其独特的特点和经验，通过比较能够更好地理解哪些做法在特定的社会背景和文化条件下更为有效，继而推进我国社区治理工作的现代化和数字化进程。

从治理结构方面来看，中国的社区治理通常有较为明确的政府主导特色，社区居委会等基层组织在社区事务和公共服务中扮演重要角色。而在一些发达国家，例如美国、加拿大和英国，社区治理更多依赖于民间组织和非政府组织的参与，这些组织在政策制定、社区服务和居民参与中扮演关键角色。这种自下而上的治理模式强调居民的自主性和创意性，也增强了社区成员的归属感和参与积极性。当然，每种模式都有其优势和局限，中国的政府主导模式在整合资源、快速响应需求方面有其独特的优势，但也容易导致行政干预过深、居民参与不足的问题。反观一些西方国家的模式，在增强社区自治和居民参与度方面有所成效，但可能面临资源分散、应对重大突发事件时协调能力不足的问题。

参与方式是另一个关键的比较维度。在中国，社区居民通常通过社区居委会、业主委员会等正式组织参与社区事务，简单来说，这些组织起到了桥梁作用，将居民的意见和需求传达给政府部门，并在施行过程中负责监督和执行。而在一些国外模式中，居民参与的渠道更加多样化和灵活化，包括各种形式的社区会议、公听会以及通过互联网平台和社交媒体进行的意见征集和互动。这种灵活的参与方式不仅丰富了居民的参与手段，也提高了参与频率和质量，使社区治理更具透明性和互动性。

法律法规及政策支持是任何社区治理模式得以推行的根本保障。中国在社区治理方面制定了较为完善的法律法规和政策框架，为社区治理提供了法律依据和政策支持。特别是在推动社区数字化治理方面，出台了一系列政策，力图通过信息化手段提升社区管理和服务水平。而在一些西方国家，社区治理的法律法规更强调居民权益保护和政府责任分担。例如，美国的《社区再投资法案》（*Community Reinvestment Act*）和英国的《地方政府法》（*Local Government Act*）都针对社区建设和居民权益保护制定了明确的法律条款。这些法律法规在推动社区自治和提升居民参与感方面起到了重要作用。

资源整合是社区治理效率和效果的重要影响因素。在中国，社区资源整合通常依赖于政府的支持和引导，主要依靠政府财政拨款、社会组织和企业捐助等方式实现资源的汇集和合理分配。而在一些发达国家，资源整合更多依赖市场机制和社会力量，包括多方合作、公共—私人伙伴关系(PPP)等模式，通过社会企业、社区基金以及志愿者网络等实现资源的最大化利用。这种多元化的资源整合方式不仅增强了社区自主性，也提高了资源利用效率和可持续性。

社区文化也是影响社区治理模式的重要因素之一。中国的社区文化具有浓厚的集体主义特征，强调社区成员之间的互助和共担责任，这种文化使得社区在面对共同困难和问题时能够迅速凝聚力量、有效应对。而在一些西方国家，社区文化更趋向于个体主义，强调个人的自由和独立性，这种文化背景下的社区治理更加重视个体权利的保护和多元化的表达。这种文化差异在具体的社区治理实践中反映为不同的管理和服务模式，其中既包含了对社区发展的不同理解，也体现了各自社会发展的背景和历史沉淀。

通过这一系列的比较，可以看出中外社区治理模式各有其特点和优势，并且在一定程度上反映了各自社会的政治体制、经济结构和文化背景。对于中国来说，借鉴国外成功的社区治理经验，尤其是灵活多样的居民参与方式、多元化的资源整合手段以及完善的法律法规，可以为推进国内社区治理的现代化和数字化提供宝贵的参考。但同时也需要因地制宜，将国外成功经验与中国实际相结合，探索出符合中国国情的社区治理创新模式，从而实现共同富裕视角下的社会工作与社区治理的创新实践。通过持续不断的比较和借鉴，不仅能推动国内社区治理水平的提升，更能为构建更加和谐、稳定与繁荣的社区环境贡献力量。

四、借鉴国际经验的策略

借鉴国际经验是推动社区治理现代化和数字化的一项重要任务。通过对全球范围内成功社区治理模式的深入研究分析，为我国社区治理提供可借鉴的经验和实践路径，这不仅有助于提升社区管理水平，也为实现共同富裕目标提供重要支持。

要借鉴国际经验，首先需要系统梳理和总结世界各地在社区治理方面取得成功的不同模式和方法。这些模式包括但不限于美国的社区发展模式、日本的社区自治模式，以及新加坡的政府与居民合作模式。这些模式各有特点和优势，对不同国家和区域在社区治理过程中面临的挑战提供了相应的解决方案。例如，北欧国家特别强调在治理过程中让全民参与，这是因为在这些国家，政府相信公民具有较高的社会责任感和治理能力。而美国则在解决社区贫困和社会分化问题上有着丰富的经验，通过社区发展公司（Community Development Corporations, CDCs）等组织，促进社区经济发展和社会资源整合。

借鉴这些国际经验的策略之一是确保社区治理的透明度和公开性。这意味着在社区治理过程中，必须保证信息公开透明，让社区居民充分了解各项政策的实施情况以及政策对社区的影响。通过透明度的提升，可以增强居民对社区管理的信任感，进而提升他们的参与意愿和积极性。日本的社区自治模式便是在这种背景下产生的，通过定期的社区会议和公开的决策过程，使得居民在了解社区发展的同时也能够直接参与到决策中。

加强社区居民的参与和互动是另一项关键策略。在许多成功的国际案例中，社区居民的参与度是决定治理成效的关键因素。通过建立居民参与的机制，鼓励社区成员共同参与规划和管理社区事务，既能提升治理的科学性和民主性，又能增强社区的凝聚力。例如，在北欧国家，社区组织定期举办各类活动和会议，确保每个社区成员都有机会发表意见和参与决策。这种机制不仅让居民感受到自身的价值和作用，还能够促进社区的和谐稳定。

技术手段的应用也是借鉴国际经验中不可忽视的部分。在全球范围内，新兴的数字技术正逐渐改变社区治理的模式。以新加坡为例，该国利用数字化平台和大数据技术，构建了完善的智能社区治理体系。通过大数据分析，政府能够实时监控社区的各类信息，包括人口统计、交通流量、环境质量等，从而做出更为精准和有效的决策。而居民则可以通过智能手机应用程序，更方便地获取各类社区信息，提交意见和建议。这种数字化手段的应用，不仅提升了治理效率，还极大方便了居民生活。

在借鉴国际经验的过程中，还应注意与本土实践相结合。每个国家和地区都有其独特的历史背景、文化传统和社会结构，直接照搬别国经验可能导致水土不服。因此，在学习和借鉴国际先进治理模式时，需要结合自身实际情况，进行本土化改造。例如，在我国农村地区，社区具有浓厚的村落文化和集体主义传统，适合采取集体决策和合作治理的模式。而在大城市社区，由于人口多样且流动性强，更适合采用基于大数据和信息化手段的治理模式。

政策支持与保障也至关重要。政府在借鉴国际经验的过程中，需制定相关政策和法规，为社区治理现代化和数字化提供法律保障。例如，美国社区发展模式成功的一个重要原因在于政府为社区发展公司提供了政策和资金支持，使这些组织能够自主运作，有效服务社区。而日本政府则通过法律形式，确保社区自治和居民参与的合法性和规范性。

国际合作和交流同样是借鉴国际经验的有效策略。通过与世界各地的社区治理专家、学者以及实践者进行交流和合作，可以获取最新的治理理念和实践经验，促进知识和技术的双向流动。同时，这种合作也有助于我国社区治理经验的输出和推广，在全球范围内树立良好的形象和影响力。例如，我国可以通过参与国际性社区治理论坛和研讨会，与其他国家共同探讨和解决社区发展问题，提升自身的治理能力和水平。

对社区治理的持续评估和反馈机制的建立是保证借鉴国际经验效果的重要手段。对不同治理模式的实际应用效果进行持续监测和评估，能够及时发现和解决实施过程中存在的问题，不断优化和改进治理模式。通过居民满意度调查、社区发展指标监测等方式，获取反馈意见，确保治理措施的科学性和有效性。

第六节　社区治理中的法律与伦理挑战

一、社区治理中的法律责任

社区治理中的法律责任涉及社区管理与市民权益、公共资源利用、环境保护等多个方面。法律责任不仅关乎社区治理的效率和公正性，还对维护社会团结、促进公众参与、落实政策执行起到了至关重要的作用。在现代化与数字化的背景下，法律责任的内涵和外延都发生了显著变化，需要从多角度进行探讨。

法律责任是指个体或组织在法律规范和法规框架下所应承担的义务和后果。在社区治理中，法律责任涵盖了所有参与方，包括政府部门、社区管理者、企业、非政府组织以及社区居民。政府部门作为公共事务的管理者，在社区治理中负有宏观管理和政策制定的法律责任。政府不仅需确保法律法规的落实，还要通过立法和行政手段保障公共利益和社会公正。在政策制定和执行过程中,政府必须遵循宪法和相关法律,依法行政,避免滥用权力。此外,政府需对社区的基础设施建设、公共服务供给等方面负有直接责任,若因不作为或失职导致居民权益受到侵害,相关责任人亦应承担法律责任。

社区管理者,包括社区委员会、居委会等基层组织,是社区治理的微观主体。他们在日常事务中扮演着重要的协调与管理角色,需依法执行政府下达的政策与措施,同时维护社区居民的日常权益。例如,社区管理者在处理居民纠纷、维护治安、组织社区活动中,需严格遵循相关法律法规,确保每一项决策和行动都有法可依。如果在实施过程中出现违规操作或侵权行为,管理者将承担相应的法律责任。此外,妥善处理涉及社区资产的事务,如社区基金的管理与使用、公共设施的维护与拓展等,也在管理者的法律责任范围内。

企业和非政府组织在参与社区治理过程中同样需承担法律责任。企业作为社区经济的一部分,在履行社会责任的同时,也须遵守国家和地方的法律法规。企业需保证其经营活动不破坏社区环境、不侵害居民利益,还应积极参与社区建设,为居民提供就业机会和优质服务。非政府组织在社区治理中承担援助、服务、监督等多重责任,其活动必须合法合规,以确保其行为正当性和目的纯洁性。违规行为如非法集资、恶意煽动等,将面临法律制裁。

社区居民作为社区的基本单元,负有遵纪守法的基本义务。居民需遵守国家和当地政府制定的法律法规,积极参与社区治理,同时在权益受到侵害时依法维权。居民的参与是社区治理的核心动力,但在参与过程中,滥用个人权利或施行非法手段,将承担相应的法律责任。例如,居民若在社区活动中扰乱秩序、破坏公共财产,将面临治安处罚、民事赔偿甚至刑事责任。

现代化与数字化的推进,为社区治理中法律责任的落实提供了新的技术手段与平台。数字化技术,如大数据、区块链和人工智能,能够提升社区管理的透明度和效率,同时也提出了新的法律责任问题。例如,在智能监控和数据管理方面,如何保障居民的隐私权和数据安全,成为法律和伦理的新焦点。社区管理者需依法规范数据采集、存储和使用,以防止隐私泄露和数据滥用,并承担相应的法律责任。数字化治理中的信息公开和监督机制,也需要建立在严格的法律框架之下,确保每一项数据和决策的合法性和透明度。

在法律责任的落实过程中,还需注意保护弱势群体的合法权益。社区治理中的法律责任不仅是对违规行为的惩戒,还是对居民合法权益的保障,特别是对老年人、儿童、残疾人等弱势群体的保护。例如，在社区公共设施的设计和维护中，需依法保障无障碍通行和合理使用，避免因设施不完善导致责任纠纷。同时，社区服务应覆盖所有居民，保障每个个体的公平享有权，避免因利益分配不均引发法律诉讼。

社区治理中的法律责任覆盖了从政策制定、执行到监督评估的全过程，涉及政府、企业、非政府组织和居民等多个主体。随着现代化和数字化的发展，社区治理模式不断进化，法律责任的内容和形式也在不断更新。依法治理是实现社区和谐、提升治理水平的根本保障，只有各方严格履行法律责任，才能构建共建共治共享的现代社区治理格局。在这一过程中，立法机构需不断完善相关法律法规，执法机构应严格监督法律实施，司法机构应公正处理法律纠纷，各主体需增强法律意识，共同推动法治社区建设。通过法规和法律责任的落实，确保社区的每一项治理措施都具有法律依据，达到和谐、稳定、可持续发展的目标。

二、伦理挑战与决策

伦理挑战与决策是现代社区治理中的核心问题，治理者在面对这些挑战时，不仅需要具有专业的知识和技能，更要有清晰的伦理标准和行为规范，从而在多元利益、隐私保护、文化多样性等方面进行全面的平衡和权衡，确保治理行为在法律与伦理的双重框架下进行，最终实现社区的整体和谐与共同富裕。

社区治理面对的是一个复杂多元的社会，利益群体中既包括普通居民、社区组织，又涉及政府部门和商业机构。不同群体的利益诉求有时会发生冲突，这就要求治理者在决策时要权衡各方的利益，并在伦理上作出妥协或平衡。例如，在社区开发项目中，居民的生活环境可能会因此受到影响，而政府和开发商则可能更多地关注经济效益和城市发展的要求。如何在这些相互冲突的利益中找到一个符合公共利益的解决方案，是治理者必须面临的伦理挑战。

现代化与数字化进程加速了信息的传播与获取，这为社区治理带来了新的伦理问题。数字化技术的应用，如大数据分析、人工智能、互联网平台等，能提高社区治理的效率，但也可能带来隐私泄露、信息不对称等问题。社区治理中的数据收集和使用需要在效率与隐私保护之间找到一个平衡点。个人数据的收集和处理如果没有得到充分的保护，不仅会侵害居民的隐私权，还可能造成社会信任的下降，这些都是伦理层面的严峻挑战。此外，信息的传播速度加快容易引起社会舆论的快速变化，治理者在应对这些动态变化时需要在政策透明度与信息控制之间找到一个适当的平衡点。过度的信息控制可能被视为缺乏透明度和不尊重公民的知情权，但完全放开信息也可能导致舆论失控，从而加剧社会的矛盾和冲突。

社区治理中的法律与伦理挑战不仅体现在宏观决策层面，还要落实在具体的治理行动中。比如，社区建设和管理过程中涉及的资源分配、公平性问题等，都是涉及伦理问题的具体表现。保障资源分配的公平，既要考虑到社区的整体发展，又要照顾到贫困群体和弱势群体的权益。这就要求在具体的决策和行动中，治理者要有清晰的伦理标准和行为规范，确保每一项决策都有充足的伦理考量。此外，治理中的公平性问题还包括程序正义与结果正义两个维度。程序正义要求治理过程公开透明、程序规范，确保治理行为在法律和伦理的框架下进行。而结果正义则要求治理结果体现公平和正义，使不同群体都能实实在在地感受到社区治理带来的好处和改善。

随着城市化和全球化进程的不断加快，社区中不同文化、不同背景的居民日益增加。治理者在制定政策和开展行动时，需要充分考虑这些文化多样性和背景差异。如何尊重不同文化的习俗和价值观，同时又能维护社会的整体秩序和发展，这是一个复杂的伦理决策过程。例如，在某些社区中，居民可能具有特定的宗教信仰或文化习俗，对某些治理行为如垃圾分类、公共空间管理等，可能会有不同的接受程度。治理者在推进这些措施时，需要在尊重文化多样性和维护公共利益之间找到一个平衡点，确保决策既符合实际情况，又尊重居民的文化和习俗。

共同富裕视角下的社区治理，要求在追求经济和社会效益的同时，更加注重伦理和道德的约束。在实现经济效益的同时，必须考虑社会的公平和正义，确保每一个社区成员都能分享发展成果。这不仅是一个技术和管理的问题，更是一个伦理和道德的问题。现代社区治理的伦理挑战和决策，既需要法律法规的保障，也需要治理者具有高尚的伦理标准和社会责任感。在实际操作过程中，应该通过广泛的社会参与和民主程序，将不同利益群体的意见和诉求纳入决策过程，做到公平、透明和高效，真正实现社区的和谐发展。

三、法律与伦理的冲突与调和

法律是社会治理的重要基础。通过法律，政府能够对社区行为进行规制，以维护公共秩序和社会公正。然而，法律的刚性和普遍适用性常常与社区内部的实际情况和伦理价值产生矛盾。例如，法律规定社区公共资源的分配方式，但社区内部由于历史、文化、经济背景的不同，对这种分配方式可能存在不同的理解和接受程度。法律是否应当考虑社区的特殊需求和价值观，这是一个富有争议的话题。

伦理则是在社区内部形成的一种文化认知和价值体系，它不仅包括了对法律的尊重，还涉及对人际关系、社会公德、行为规范等方面的理解和实践。伦理的作用更多地体现在社会合约的维持，以及人们内心的道德约束上。作为一种软性的社会规范，伦理价值能够在法律没有明确规定的灰色地带起到补充和指导作用，但这种作用的发挥往往依赖于社区成员的自觉性和共同认知。

当法律与伦理发生冲突时，问题就变得复杂。例如，在社区公共资源管理中，法律可能规定公正、公开的分配原则，但社区内部可能有着强烈的伦理诉求，如对弱势群体的特殊照顾。这种情况下，一方面，依照法律处理可能导致忽视社区内部伦理需求；另一方面，盲目依照伦理办事，则可能违反法律的公正性原则。这种冲突不仅容易导致社区内部的不和谐，还可能引发法律纠纷，影响社区治理的效率和公信力。

冲突的调和需要在法律与伦理之间找到平衡点。首先，需要通过立法过程，使法律更具有包容性和多样性。例如，在法律制定过程中，应广泛征求社区成员和相关利益群体的意见，充分考虑社区的特殊需求和伦理价值。这样，法律在诞生之初就能够更多地体现社区的实际情况，减少法律与伦理的冲突概率。另外，在法律实施过程中，也要有一定的灵活性，允许在特定条件下对法律规定进行适当调整，以符合社区的伦理需求和价值观。

社区治理中的法律与伦理冲突还可以通过调解机制来解决。调解作为一种非对抗性的纠纷解决方式，能够在法律与伦理之间找到妥协和共识。在实践中，可以成立由社区成员、法律专家和伦理学家共同组成的调解委员会，通过多方沟通和协商，寻找到能够兼顾法律公平性和伦理合理性的解决方案。同时，调解过程本身也是社区成员进行法律教育和伦理教育的机会，能够提升社区成员的法律意识和伦理素养，从根本上减少冲突的发生。

除了立法和调解，教育也是调和法律与伦理冲突的重要手段。通过社区教育，特别是法律和伦理教育，能够让社区成员更加理解法律条款的背后意义和伦理价值的必要性。法律教育能够帮助社区成员意识到遵守法律的重要性和必然性，而伦理教育则能够提升社区成员的道德意识和社会责任感。在这一过程中，社区文化作为一种潜移默化的影响力量，能够在社区教育中发挥特有的作用，通过文化活动、宣传手册、专题讲座等多种形式，增强社区成员对法律、伦理的认知和认同，从而在根本上调和法律与伦理之间的冲突。

数字技术的应用在现代社区治理中也提供了新的调和法律与伦理的路径。通过大数据分析、区块链技术、人工智能等现代科技手段，能够更准确地监测和预判社区内可能发生的法律与伦理冲突，提前采取措施进行干预和调解。例如，通过大数据分析社区资源分配的历史和现状，能够更科学地制定资源分配方案，减少法律规定与伦理期望之间的差距。区块链技术则能够保障社区内部信息透明度，减少由于信息不对称导致的法律与伦理冲突。人工智能可以通过智能化的法律和伦理顾问系统，实时向社区成员提供法律条款解释和伦理指导，减少冲突的发生。

四、相关法律案例研究

在数字化社区治理中，数据隐私和信息安全成为最为突出的法律与伦理问题之一。某城市在推行智慧社区管理平台时，居民的个人信息——包括身份证号码、银行账户信息、健康记录等——被收集用于社区服务的优化。然而，某些社区工作人员滥用了这些数据，导致敏感信息泄露，引发了居民的不满和法律诉讼。这个案例凸显了社区管理中的数据保护和隐私权保障的重要性。从法律上讲，社区治理需要遵守《网络安全法》《个人信息保护法》等法律法规，确保信息收集、处理和存储过程的合法性和合规性。同时，从伦理角度看，社区治理应该尊重居民的隐私，透明公开数据使用的目的和范围，并且在数据泄露事件发生后迅速采取补救措施和道歉，以维护居民的信任。

社区数字化管理的另一个常见的法律挑战是，数据使用的合法性和透明性。某地区政府在建设数字化社区时，未明显告知居民其数据将用于哪些具体用途，结果导致居民对数据采集的不满和质疑。在该案例中，社区管理者未对个人数据的收集和使用施行明确的告知义务，违反了《个人信息保护法》第4条"数据主体知情权"的规定。此外，该管理者在处理数据时缺乏透明性，居民对此缺乏信任感，从而陷入伦理困境，影响了社区治理的有效性。对此，社区治理应履行透明化原则，充分告知居民数据采集的目的、范围、用途以及可能的风险，确保居民知情并同意。

网络暴力和信息操纵问题同样是社区治理中的另一项重大法律与伦理挑战。

一个具体案例是某地区的社区论坛上频繁出现居民之间的相互攻击和网络暴力，甚至有人发布假消息煽动社区内部矛盾。有关法律法规如《网络安全法》和《刑法》中的相关条款，可以用于打击和规制此类不法行为。然而，这不仅是法律层面的问题，在伦理上也要提醒社区成员自觉树立健康的网络交往道德观，加强社区内部的伦理教育，保持和谐和建设性的沟通环境。此外，社区治理人员还需加强对网络平台的监控和管理，及时发现和制止不当言论和虚假信息的传播，以维护公正和秩序。

公共空间的管理和规划也是社区治理中的重要领域，其法律与伦理挑战主要体现在如何公开、公正地进行决策，避免利益冲突。某社区为了提高居民的生活质量，计划在社区中心建立一个大型公园，不少居民支持这一提议。但在具体实施过程中，发现选址的土地所有权有争议，部分居民声称未收到土地征用的合法手续和合理补偿，由此引发了法律诉讼和道德指责。从法律角度出发，社区管理方需严格遵守《土地管理法》和《民法典》的相关规定，确保土地征用程序中的合法性和正当性。从伦理角度来看，社区管理需要关注利益相关者的平等权利，尊重每个社区成员的参与权，保障他们在重大决策中的知情权和发言权。

社区治理中的精确打击违法犯罪行为和执法透明度亦是一个重要议题。某社区实施智慧安防系统，通过摄像头和数据分析进行24小时监控，有效遏制了盗窃、抢劫等事件的发生。然而，有居民担心这些监控设备侵犯了他们的隐私权，从而提出诉讼。法律方面，应参照《治安管理处罚法》《刑法》等规定，确保监控手段的适用合法合规，同时在实际操作中需完善相应的监督机制和规章制度，避免滥用权力。在伦理方面，社区管理者需要平衡安全和隐私的关系，确保居民在享受安全保障的同时，其基本隐私权益不受侵害。加强与居民的沟通和解释工作，使大家了解并支持智慧安防的合理性和必要性。

通过对相关法律案例的研究可以发现，社区治理中的法律和伦理挑战是一个多层次和多样化的问题。要提高社区治理现代化和数字化水平，需要综合运用法律、技术、管理和伦理手段，这样才能在法律框架下实现合理的、透明的、积极的治理，最终提升社区成员的幸福感和归属感。在执行过程中，要持续监测和评估法律和伦理问题，及时调整策略和方案，确保社区治理在法治和道德的双重轨道上健康开展。

第七节　环境保护与社区治理的协同发展

一、环境保护的基本原则

环境保护作为一项重要的社会责任和生态责任，关系全球生态系统的可持续发展以及人类生存环境的改良与优化。环境保护基本原则的确立，是为了指导相关政策的制定和实际工作的执行。这些原则不但在宏观上规定了环境保护的方向和目标，还在微观上为具体的实践行动提供了合理的依据和遵循。

科学基础性原则是环境保护的首要原则。一切环境保护措施和行动必须建立在科学研究的基础之上。首先，应当充分利用环境科学、生态学、地质学等相关领域的最新研究成果，以确保环境保护策略的科学性和有效性。例如，了解生态系统的复杂性与生物多样性的必要性，可以有效地避免破坏和误操作。这一原则要求环境保护政策的制定者与实施者必须依赖科学数据，而不是主观臆断。对环境现状的评估与监测、对污染源的跟踪和分析都需要采用科学的方法，这不仅可以为政策制定提供坚实的数据支持，还能够预测和预防潜在的环境问题。

全局协调性原则强调环境保护应当从整体出发，系统考虑各方面的关联和影响。生态系统是一个复杂的、相互关联的网络，一个区域的环境问题往往会对更大范围内产生影响。因此，解决环境问题不能局限于局部和单一指标，而应采取综合的、系统的方法。这就需要在制定和实施环境保护措施时，关注生态系统整体的健康和均衡发展。通过多学科的协同合作与跨地域的联动机制，可以有效遏制环境问题的扩散，并从根源上实现环境质量的整体提升。此外，加强国际合作，推动全球环境治理，也是在全局协调性原则下应有之义，全球性的环境问题如气候变化、跨界污染等，需要各国共同努力，制定和遵守国际环境条约，分享环保技术和经验，以期达到共同行动、共同治理的目标。

预防为主原则是指在环境保护中，应当优先考虑预防可能发生的环境污染和生态破坏，而不是事后处理和治理。预防措施的有效实施，可以大幅度降低环境治理的成本，并减少污染对生态系统和人类健康的危害。为了实现预防为主，必须在决策过程中采取环境影响评估（EIA）程序，提前评估发展项目或政策对环境可能产生的影响，并且结合生态风险评估（ERA）技术，尽量避免高风险操作。加强环境教育和公众参与也是必不可少的，通过提高公众的环保意识和实践能力，使每个人都能够成为环境保护的一份子。这一原则强调未雨绸缪、提前布局，强调社会各阶层携手预防潜在的环境问题，共同维护生态安全。

公众参与原则强调环境保护不能仅仅依靠政府和专业机构的力量，而应当充分调动公众的积极性和参与意愿。环境保护是一项全民共建的事业，每个人都是环境的保护者，也都是受益者。通过提供公开透明的信息渠道，确保公众在环境决策中的知情权和参与权，可以增强环境政策的民主性和科学性。同时，公众的广泛参与可以形成强大的社会监督力量，促使企业和个人遵守环保法律法规。此外，社区居民在日常生活中的环保实践，如垃圾分类、节约用水、绿色出行等，都直接关系到环境保护的成效。社区是最接近居民生活的单位，社区治理在环境保护中显得尤为重要，通过社区环保组织、志愿者活动等方式，可以有效推动居民环境保护意识的提高和环保行动的落实。

法律保障原则是环境保护的另一基石，通过健全和完善环保法律法规体系，确保环境保护工作有法可依，有章可循。法律保障涉及从立法、执法到司法的各个环节，既包括针对各类污染行为的法律制裁，也涵盖对环保执法机构的设立和管理。环境立法应当与时俱进，根据社会经济的发展和环境形势的变化不断修订和完善，以应对新的挑战和问题。执法部门需要提高执法能力和执法水平，确保每一项法律法规都得到有效执行。司法部门则需要提供公正的法律裁决，保障环境纠纷得到公平、公正的解决。

环境保护的经济有效性原则强调环境保护措施和政策应当既能实现环境效益，又要具备经济可行性。合理分配有限的资源，使环境保护既能够保证生态效果，同时又不使经济发展遭受重大损失。环境保护与经济发展并不是对立的关系，通过科技创新和产业升级，可以实现两者的协调发展。鼓励企业进行绿色生产，引导消费者选择环境友好的产品和服务，也可以推动环境保护的经济效益。

二、社区治理与环境保护的融合

随着城市化进程的加速，居民生活水平的提高，对环境质量的要求也越来越高。社区作为居民生活的基本单元，其治理质量直接关系环境保护的成效。因此，实现社区治理与环境保护的有机结合，不仅是提升居民生活质量的关键，也是推动可持续发展的必然要求。

社区治理与环境保护的融合，首先需要从观念上进行转变。环境保护不仅是政府和环保组织的责任，而且是每个社区居民共同的责任。通过加强环境教育，提高居民的环境意识，使他们认识到每个人的行为对环境的影响，从而自觉地参与到环境保护中来。这不仅有助于提高居民的环保素养，也为社区治理注入了新的活力。

有效的社区治理与环境保护的融合，离不开科学的规划和制度保障。在社区规划和建设过程中，应充分考虑环境因素，合理布局绿地、公园、公共设施等，减少环境污染和生态破坏。制定和实施严格的环保法规和标准，对社区环境进行有效监管，确保各项环保措施的落实。同时，通过建立相应的激励机制，鼓励居民和企业积极参与环境保护活动，如开展绿色评比、节能减排奖励等，提高社区成员的积极性和主动性。

社区中各类基础设施的绿色化建设，是实现社区治理与环境保护融合的重要举措。通过推广使用清洁能源、新能源，减少对传统能源的依赖，从源头上降低环境污染。例如，推广太阳能、风能等可再生能源在社区中的应用，建设绿色建筑、绿色交通系统，提升社区的绿色发展水平。此外，社区中水资源的合理利用与保护也是不可忽视的部分，通过建立雨水收集系统、提高再生水利用率等措施，实现水资源的可持续利用。

在社区治理与环境保护的实践中，信息化与数字化技术的应用为两者的融合提供了新的机遇和手段。通过引入物联网、大数据、人工智能等先进技术，建立智慧社区管理系统，实现环境监测、数据分析和智能决策。例如，安装智能感应器，实时监测社区的空气质量、水质等环境参数，并通过数据分析发现问题并及时采取应对措施。利用信息化平台，加强居民之间的沟通互动，开展线上环保知识宣讲、环保活动报名等，提高居民参与环保的积极性和便利性。

社区治理与环境保护的融合，离不开公众的广泛参与和支持。鼓励居民和社区组织积极参与社区环境治理，形成共建共治共享的治理格局。通过开展丰富多彩的环保活动，如社区清洁行动、垃圾分类宣传、绿色出行推广等，增强居民的环境保护意识和参与感。同时，充分发挥社区志愿者的作用，组建环保志愿者队伍，推动社区环保工作的深入开展。例如，志愿者可以定期组织社区环保讲座，宣传环保知识，传授垃圾分类技能，提高居民的环保素养和实际操作能力。

在社区治理与环境保护的融合过程中，需要加强社区之间的合作与经验交流。通过搭建社区环保工作交流平台，分享成功案例和经验，学习借鉴优秀做法。同时，开展社区环保竞赛和评比活动，激励各社区不断提升环境保护水平，形成比学赶超的良好氛围。例如，举办社区环保创新大赛，评选出优秀的环保项目和措施，并推广到其他社区，推动社区间的共同进步和提升。

政府在推动社区治理与环境保护融合方面，需发挥主导和引领作用。明确政府、社区、企业、居民各自的责任和义务，形成多方合力，共同推进社区环境保护工作。政府应加大对社区环保工作的支持力度，提供政策、资金、技术等方面的支持，帮助社区解决实际困难和问题。例如，通过设立专项环保基金，支持社区环保项目的实施，开展社区环保技术培训，提高社区环保工作的专业化水平。

社区治理与环境保护的融合，还需注重国际先进经验的引进和本土化创新。在学习借鉴国际先进经验的基础上，结合本土实际，创新环保治理模式，提高环境保护效果。例如，引进先进的垃圾处理技术和设备，提高垃圾分类和处理的效率和质量。推动国际合作与交流，借鉴其他国家和地区在社区环境治理方面的成功经验，探索适合本地实际的环境保护措施和方法。

三、环境友好型社区的建设要求

环境友好型社区的建设要求涉及一系列社会、经济和技术措施的综合运用，是可持续发展目标在社区层面的具体实施。为了创建一个环境友好型的社区，必须综合考虑社区的规划设计、资源利用、能源消耗、废弃物管理、生态保护等多个方面。从全局来看，环境友好型社区不仅关注当前社区内的环境质量，更关心长期的生态可持续，为居民提供健康、安全和舒适的居住环境。

环境友好型社区建设的首要要求是科学规划与设计。社区的设计方案是整个建设过程的核心，它决定了社区未来的发展方向和环境质量。在设计过程中，需要充分考虑地形地貌、气候条件、现有自然资源等因素，尽可能保留和利用现有的自然优势，减少对自然环境的破坏。例如，社区的绿地、公共空间和建筑布局应科学规划，确保最大化利用自然光和风力资源，以减少能源消耗。设计时还要注重防洪排涝、风水景观等生态环境保护因素，使社区在应对自然灾害时更具韧性。

可再生能源的利用是建设环境友好型社区的重要内容。传统的化石能源在生产和使用过程中会大量排放温室气体和污染物，对环境造成极大的破坏。为了实现社区的环境友好目标，必须大力推广太阳能、风能、地热能等可再生能源，减少对化石能源的依赖。例如，在社区建筑中可安装太阳能光伏板，利用太阳能发电，为居民提供绿色电力。在风力资源较好的地区，可以建设小型风力发电站，为社区提供稳定的风能资源。此外，地热能的利用也是一个重要方向，可以通过地热泵技术为建筑物提供供暖和制冷服务，大幅降低能源消耗和碳排放。

资源的高效利用和废弃物的有效管理是建设环境友好型社区的关键环节。社区在运营过程中会消耗大量的水、电等资源，同时也会产生大量的生活废弃物。如果没有科学、有效的管理措施，资源浪费和环境污染问题将难以避免。在资源利用方面，可以通过智能化管理系统对水、电等资源进行实时监控和调配，减少浪费，提高利用效率。同时，推行节水、节电技术和装置的普及，如节水龙头、节电灯具等，增强居民的节约意识。在废弃物管理方面，实行分类收集与分类处理是必不可少的措施。社区应配备完善的垃圾分类设施，设立有害垃圾、可回收垃圾、厨余垃圾等分类收集点，提高废弃物的资源化利用率。此外，还可以推动社区内的循环经济模式，鼓励居民将废旧物品进行修复、再利用，减少对新资源的需求。

生态保护是建设环境友好型社区的必备条件。在社区建设和运营过程中，要尽可能保留和恢复本地的生态系统，保护生物多样性。具体措施包括增加社区绿化面积，建设社区公园和绿地，种植本地植物，改善社区微气候；在河流、湖泊周边建设生态缓冲带，防止水体污染，保护水生生态系统；推行生态农业和有机农业，减少农药和化肥使用，保护土壤生态。在建设过程中，应避免过度开垦和硬化地面，确保土壤和地下水的自然渗透能力。通过这一系列措施，可以有效维持和提高社区内的生态环境质量，为居民提供一个健康、美丽的生活空间。

居民的环境意识和参与度在环境友好型社区的建设中也起着至关重要的作用。即便社区有了良好的规划和技术支持，如果居民缺乏环境保护意识和积极参与的态度，最终的效果会大打折扣。因此，社区应通过各种形式的宣传和教育活动，提高居民的环保意识。例如，可以定期开展环保知识讲座、社区环保活动，设立社区环保志愿者团队，引导居民积极参与垃圾分类、节能减排和生态保护工作。同时，通过社区平台、宣传栏、手机应用等多种渠道，及时向居民传递环保信息和社区环境动态，增强居民的环保责任感和参与度。

环境友好型社区的建设需要政府、企业、社区组织和居民的共同努力。政府是政策的制定者和执行者，应制定科学合理的环境政策和标准，提供必要的资金和技术支持，严格监督社区的环境保护工作。企业是绿色技术和产品的供应者，应研发并推广环保节能产品和技术，为社区的环境友好建设提供有力支撑。社区组织和居民是环境保护的具体实施者和受益者，应积极参与社区的环保活动，自觉践行绿色生活方式，共同营造环保氛围。

四、环境保护与社区发展的协调机制

在政策支持方面，环境保护与社区发展的协调机制需要建立在科学合理的政策框架之内。国家和地方政府需要出台一系列的政策法规，明确环保与发展的具体要求和标准，为各级社区治理提供清晰的指引。这些政策应涵盖环保法规、规划标准、资源利用、污染控制等方面，并对违规行为进行严格的监管和处罚。此外，还应建立跨地区、跨部门的协作机制，确保政策的实施到位。通过政策透明化、操作公开化，增强公众的参与感和信任度。

在公众参与方面，环境保护与社区发展的协调机制需要充分调动公众的积极性，形成全社会共同参与的局面。社区治理应注重培养居民的环保意识，鼓励他们主动参与环保活动，形成一种"人人关心、人人参与"的良好氛围。例如，可以通过开展环保宣传活动、组织社区环保志愿者队伍、设立环保奖励机制等方式，提高居民的环保意识和参与度。此外，社区还可以通过建立居民反馈渠道，收集公众对环保与发展的意见和建议，及时调整和改进社区治理策略。

在技术支持方面，数字化和信息化技术的应用对于环境保护与社区发展的协调机制起着至关重要的作用。通过构建智能化管理平台，实现对社区环境的实时监测和动态管理，不仅可以提高管理效率，还可以及时发现和解决环境问题。具体而言，可以利用大数据、云计算、物联网等技术，建立社区环境数据采集系统，对空气质量、水质、噪音等指标进行全面监测，并结合地理信息系统（GIS），实现精确定位和分析。同时，还可以开发环保应用程序，方便居民随时随地了解社区环境状况，举报环境问题，参与环保活动。

在资源配置方面，环境保护与社区发展的协调机制需要合理配置各种资源，确保资源利用的高效和可持续。一方面，要加强对自然资源的保护和利用，制定科学的资源开发和使用规划，防止过度开发和浪费。另一方面，要加大对环保设施和项目的投入，建设完善的垃圾处理系统、水资源管理系统、再生资源利用系统等，提高资源循环利用率。此外，还需要推动绿色产业的发展，鼓励企业采用环保技术和工艺，减少污染排放，实现经济效益和环境保护的双赢。

在社区规划方面，环境保护与社区发展的协调机制需要科学规划社区的空间布局和功能分区，合理安排生产、生活和生态空间，构建绿色、宜居的生活环境。例如，可以在社区规划中增加绿地和公共空间，建设社区公园、生态走廊等，提高社区绿化率和生态质量。同时，要注重社区基础设施的绿色化建设，推广使用可再生能源、绿色建筑材料，建设低碳、节能、环保的社区。此外，还应考虑到交通、教育、医疗等公共服务设施的布局和配备，确保社区的综合服务水平和居民生活质量。

在社区管理方面，环境保护与社区发展的协调机制需要建立健全管理体系，确保社区治理的高效和规范。可以通过组建社区环保委员会、制定社区环保管理规定，明确各方的责任和义务，形成制度化、常态化的管理机制。同时，要加强环保管理人员的培训，提升他们的专业能力和管理水平。此外，还应建立长效的监督和考核机制，对社区环保工作进行定期检查和评估，及时发现和纠正问题，推动社区治理向着更加科学、规范、高效的方向发展。

在环境教育方面，环境保护与社区发展的协调机制需要注重居民的环保知识和技能教育，提高全社会的环保素养。可以通过学校教育、社区讲座、环保培训等多种形式，普及环境保护的基本知识和实际操作技能，培养居民的环保意识和行为习惯。例如，社区可以与学校合作，开展环保主题的教育活动，使学生从小树立环保意识；也可以组织环保知识竞赛、环保实践活动等，激发居民的环保热情和参与度。此外，还可以利用新媒体渠道，如微信、微博等，传播环保信息和理念，扩大环保教育的覆盖面和影响力。

通过以上多个方面的综合实践，可以建立起一套科学、系统、有效的环境保护与社区发展的协调机制，为实现社区的可持续发展奠定坚实的基础。环境保护与社区发展的协调不仅是政府和社会的责任，更是每一个公民的义务和使命。只有全社会共同努力，建立起良好的协同发展机制，才能真正实现人与自然的和谐共生，使社区成为绿色、宜居、可持续发展的美好家园。

第五章

社会工作与社区治理的互动

第一节　社会工作在社区治理中的角色定位

一、社会工作在社区问题识别中的作用

社会工作在社区问题识别中的作用不仅具有高度的专业性和实操性，而且在理论基础上也有着深厚的积淀。分析社会工作在这一方面的作用，可以从其任务目标、操作流程以及实践成效等多个角度进行详尽的探讨。

社会工作者在社区问题识别中的任务和目标是需要明确的。一方面，社会工作者需要通过科学的方式方法，对社区中各类问题进行系统的识别与分析，为社区治理提供重要依据。针对社区中存在的各种社会问题，社会工作者需要具备一定的社会学、心理学、公共管理学等知识，通过对社区现状的了解和分析，挖掘出问题核心及其深层次的原因。另一方面，社会工作者的最终目标在于协助社区居民解决实际困难，提高他们的生活质量和满意度，推动社区的稳定与发展。这就需要社会工作者在问题识别的过程中不仅要准确，还要具备前瞻性，通过早期干预来防止问题的进一步恶化和扩大。

过程上，社会工作者在社区问题识别中主要通过需求评估、居民参与、数据收集与分析、社会诊断等多个步骤来实现。首先，需求评估是识别社区问题的重要起点，社会工作者需要通过各种方式，如问卷调查、个别访谈、小组讨论等手段，全面了解社区居民的生活状况、主要诉求，以及他们在日常生活中所遇到的种种困难与问题。其次，居民参与在问题识别中的作用同样不可忽视，社区中的

每一位成员都是问题的直接承受者和重要知情者，他们的意见和建议对于问题的全面识别与深入分析具有重要意义，可以使问题识别过程更加民主和灵活。数据收集和分析是一个较为专业和技术性的环节，社会工作者需要运用科学数据分析方法，对收集到的各种信息进行专业处理和解读，从中发现潜在的规律和问题的本质。社会诊断则是对前面收集和分析的数据进行综合性的评估和分析，通过对问题的性质、产生原因、影响范围等进行全面而深入的诊断，确定问题的集中表现和重点领域，为后续的干预和治理提供依据。

具体到实践中，社会工作者需要依据社区的具体特点和实际情况来进行问题识别。例如，社区老龄化问题是许多社区面临的共性问题之一，社会工作者需要通过对社区老年人口的生活状况、健康状况、照护需求等方面进行全面了解，从而识别出社区中老年人所面临的主要问题，譬如孤独感、生活自理能力不足、医疗需求得不到满足等。在此基础上，才能更好地设计和实施针对性的社区治理措施和社会服务项目。又如，城市化进程中的社区，还可能存在居民关系淡漠、社区凝聚力不足等问题，社会工作者需要针对这些问题进行深入细致的调查和分析，从而识别出存在的问题点及其成因，为后续的社区融合和互动奠定基础。

社会工作者在社区问题识别中的作用还表现在协调与整合资源的能力上。社区问题往往并非孤立存在，通常是多重因素交织的结果，单靠某一方面的资源和力量往往难以解决。在这个过程中，社会工作者需要扮演好"桥梁"和"中介"的角色，通过协调和整合各方资源，形成解决问题的合力。一方面，社会工作者需要善于引导和调动社区居民的积极性和主动性，让居民在问题识别和解决的过程中成为主角。另一方面，社会工作者还需要加强与政府部门、各类社会组织、企业等相关方的合作，通过争取各方支持来获得更多资源和力量，共同推动社区问题的解决。

从长远来看，社会工作者在社区问题识别中的作用还在于促进社区自我管理和自我服务能力的提升。通过社会工作的介入和引导，可以逐步培养社区居民的公民意识和公共精神，提升他们解决问题、参与治理的能力。问题识别并不仅是社会工作者的工作，更是一个社区共同努力的过程，通过这一过程，可以增强社区的凝聚力和向心力，使社区在未来能够更好地面对和解决各种可能出现的问题。

二、社会工作在社区资源协调中的作用

社会工作在社区资源协调中扮演着至关重要的角色，其作用不仅体现在资源的配置和利用上，还包括促进社区资源的可持续发展和优化社区居民的生活质量。

首先，社会工作者通过社区需求评估，能够准确掌握社区内部各类资源的分布和状态，进而为资源的合理配置提供科学依据。社区资源包含物质资源、社会资源和人力资源等多种形式，社会工作者需全面了解这些资源，以便在资源整合与协调的过程中做到有的放矢。

其次，社会工作者在协调社区资源时，往往需要建立和维护多方关系网络，这包括与政府、非政府组织、企业以及社区内部居民的联系和合作。政府政策和规划无疑是推动社区资源协调的重要宏观因素，社会工作者在这其中扮演桥梁的角色，确保政府意图能够精准传达到社区层面。同时，社会工作者也需要主动与非政府组织和企业建立合作关系，通过引入外部资源，更好地满足社区居民的多样化需求。通过这一系列的网络构建与维护，社会工作者能够整合各方资源，实现资源利用的最大化。

此外，社会工作者在社区资源协调过程中，还需要注重社区居民的参与。社区居民作为资源配置的最终受益者，他们的需求和反馈应当成为社会工作者工作的核心参照。通过社区会议、居民代表大会以及问卷调查等形式，社会工作者可以广泛收集居民意见，并在协调资源时充分考虑这些意见，从而提高资源配置的合理性与公平性。社区居民的参与不仅能够提升资源协调的有效性，还能够增强居民的主人翁意识，促进社区的自治与协作。

社会工作者还需要具备一定的资源开发能力，以便在现有资源的基础上挖掘潜在资源，确保社区资源得到持续增长。资源开发不仅包括对物质资源的再分配和优化利用，还涉及如何激发社区内部的人力资源，通过培训和教育提升社区居民的自治能力和自我服务能力。通过开展社区技能培训、志愿者招募和社团组织活动，社会工作者能够调动社区内部闲置的劳动力资源，使其在社区治理中发挥更大的作用。

在社区资源的协调过程中，社会工作者需要时刻关注资源的公平分配，防止资源分配的失衡导致社会矛盾的激化。这包括在资源分配时充分考虑弱势群体的需求，如老年人、残障人士、低收入家庭等。社会工作者通过制定和实施针对性

的帮扶计划，确保这些群体能够公平地享受到社区资源，从而促进社会的和谐与稳定。

此外，社会工作者在资源协调中还需重视信息资源的整合和应用。现代社区治理离不开信息化手段，社会工作者通过建立和维护社区数据库，掌握社区资源的动态信息，并通过互联网和移动应用等渠道，为社区居民提供便捷的资源查询和使用服务。在信息资源的整合过程中，社会工作者既要保护居民的隐私，又要确保信息的公开透明，这对提高资源协调的效率具有重要意义。

社区文化资源的挖掘和利用也是社会工作中不可或缺的一个方面。文化资源作为社区认同和凝聚力的重要因素，通过对社区历史、人文故事、传统习俗等文化资源的梳理和传播，社会工作者能够提升社区居民的归属感和认同感。同时，通过组织和开展各类文化活动，如社区节庆、文化展览、文艺演出等，社会工作者不仅能够活跃社区文化氛围，还能促进居民之间的交流与互动，增强社区的整体凝聚力。

在实施具体的资源协调工作时，社会工作者应注重方法和策略的多样性。资源协调是一项系统性工程，离不开科学的方法和灵活的策略。社会工作者需要结合具体问题具体分析，采用如项目管理、案例研讨、系统分析等专业方法，对资源协调的各个环节进行科学规划和管理。同时，社会工作者还需具备应急响应能力，以应对资源短缺或突发状况，通过预案和应急措施，确保社区的正常运转和居民的基本生活保障。

社会工作者在社区资源协调中不仅是资源的管理者，更是资源使用效果的评估者。评估是资源协调过程中不可或缺的一环，通过对资源配置效果的评估，社会工作者能够及时发现和纠正资源使用中的问题，进一步优化资源的配置效率。评估方法包括定量分析和定性分析，前者侧重于数据统计和指标测算，后者注重于使用者反馈和满意度调查，两者相结合能够提供全面而客观的评估结果，指导社会工作者接下来的资源协调工作。

通过以上多方面的努力，社会工作者在社区资源协调中不仅实现了资源的合理配置和有效利用，还推动了社区的整体进步和居民的全面发展。这一角色的发挥，不仅是一项职业职责，更是一种社会责任，通过对社区资源的协调和优化，社会工作者为社区居民创造了更加和谐、稳定和可持续发展的生活环境。

三、社会工作在社区服务提供中的作用

以居民需求为导向的社区服务是社会工作的核心任务之一。社会工作者通过调研、访谈、问卷等多种方式了解社区居民的实际需求，针对不同群体的特定需求制定个性化服务方案。例如，老年群体可能需要健康关怀、心理慰藉和日常生活帮助，青年群体可能需要就业指导和融入社会的机会，弱势群体可能需要法律援助和社会帮扶。社会工作者依据这些需求设计并实施具体的服务项目，确保服务内容的切实有效及覆盖面广泛。

社区服务的提供需具备高效的协调能力，社会工作者在这一过程中扮演着关键角色。他们需要协调多个政府部门、非政府组织、企业以及社区内的各种资源，以整合资源、优化配置，避免各自为政、资源浪费。通过与各方的紧密合作，社会工作者能形成良好的服务网络，促进资源的共享和互补。例如，对于社区卫生服务，社会工作者需要协调医院、卫生院、家庭医生等资源，确保社区居民能够便捷地获得医疗卫生服务；对于社区教育服务，社会工作者需要与学校、教育机构、志愿者团队等各方合作，提供优质的家庭教育指导和课外辅导。

社会工作者在社区服务提供中还担当着支持者的角色。他们为社区治理中的各类主体提供专业支持和技术指导，尤其是对于缺乏经验的社区组织和志愿者团队。例如，社会工作者可以为社区组织提供培训，帮助其掌握社区服务的基本方法和技巧；可以为志愿者提供必要的专业知识和技能培训，提升其服务质量和效果。社会工作者通过这种支持工作，提升社区服务提供者的专业水平和服务能力，从而推动社区治理整体水平的提高。

此外，社会工作者在社区服务的具体实施过程中还起到引导作用。他们通过宣传、教育和示范，影响和引导社区居民积极参与社区事务，建设和谐、互助的社区氛围。社会工作者通过组织社区活动、讲座和文化体验等方式，增强居民的社区认同感和归属感，促使居民主动参与社区服务。例如，通过开展社区环保志愿活动，引导居民关注环境保护，形成绿色环保的社区文化；通过组织邻里互动活动，促进居民间的沟通与了解，加深邻里情感。

社会工作者在社区服务评估和反馈环节中的作用不可忽视。在社区服务项目进行过程中，社会工作者负责收集服务反馈和成效评估，利用这些数据分析和总结服务成效以及存在的问题，为今后的服务提供改进建议和优化方案。通过科学

的评估和反馈机制，社会工作者能够不断调整和完善社区服务的内容和形式，确保服务品质的提升和居民满意度的提高。

四、社会工作在社区精神文化建设中的作用

在当代社会中，社区不仅是居民居住和生活的基本环境，同时也是社会价值观和文化理念的传播以及个体社会化的重要场所。通过社区精神文化建设，社会工作者能够增强社区成员的归属感和社会认同感，提升社区的凝聚力和整体素质，推动和谐社区的形成和发展。

社会工作的一个核心任务是促进弱势群体的社会融合，通过推动社区精神文化建设，社会工作者利用文化活动、教育项目、志愿者训练及社区宣传等多种形式，将社会文化价值理念深入社区内部。这不仅有助于弱势群体的个人发展和适应社会，也能够促进整个社区的氛围向积极、健康、和谐的方向发展。在社区精神文化建设过程中，社会工作者通过各种途径，激发社区居民的主体意识，鼓励其积极参与并发挥自我价值。这种以人为本的理念，有助于帮助居民建立文化认同感和社区归属感。

文化活动是促进社区精神文化建设的重要手段。社会工作者可以组织社区内的艺术展览、文艺演出、读书会、传统节日庆祝活动等，这些活动不仅能丰富社区居民的精神生活，还可以传播主流的社会价值观和文化理念。这种群体活动的组织和实施过程中，增强了居民之间的情感交流和互助合作精神。比如，通过举办社区戏剧表演，居民可以在表演和观赏的过程中共同体验文化魅力，深化对社会规范和文化传统的理解，从而内部化这些文化要素，成为更具集体意识的社区成员。

教育项目同样是社区精神文化建设的关键环节。社会工作者可以设计和推动各类教育项目，如家庭教育、义务教育补习班、职业技能培训等，通过教育提高社区成员的文化素质和社会责任感。家庭教育项目中，社会工作者可以指导家长正确的教育理念和方法，促进家庭内良好的文化氛围形成，提高家长对社区活动的参与度和支持度。在义务教育补习班中，帮助孩子培养学习兴趣，树立正确的人生观和价值观，让他们有机会成为社区文化传承和创新的中坚力量。通过职业技能培训项目，解决社区内失业和再就业问题，从根本上提升社区整体素质。

志愿者训练是社会工作者通过培养社区志愿者，来推动社区精神文化建设的重要策略。志愿者不仅是社区活动的重要执行者，更是社区文化传播和推动的

积极分子。社会工作者可以通过系统的志愿者训练项目，培养社区居民的志愿服务意识和技能，从而增强社区的自组织能力和自我管理水平。志愿者在参与社区服务的过程中，可以加深对社区文化的认同与热爱，成为社区文化的传播者和建设者。

社区宣传是社会工作者利用媒体和公众宣传手段，促进社区精神文化建设的有效途径。通过设立社区公告栏、社区报刊、广播和微信公众号等，社会工作者将社区精神文化建设的内容和理念传递给每一位居民。这种点对点的信息传播方式，不仅能提高居民对社区文化活动的知晓度和参与度，还能够通过榜样示范和经验分享，激发居民的参与热情和共同建设美好社区的愿望。在这个过程中，社会工作者需要具备较强的沟通能力和组织协调能力，通过传播积极健康的文化内容，促进居民在心理上形成对社区文化的认同感和归属感。

社会工作者通过努力引导社区公众舆论，营造积极向上和谐共融的社区氛围，也在潜移默化中增强了社区成员的精神素质。在面对突发事件或社区内部的矛盾冲突时，社会工作者以其专业的处理能力和心理疏导技能，能够及时平息事态，解开居民的心理困扰，恢复社区的正常秩序和和谐气氛。通过对居民日常行为规范、公共道德观念的宣传教育，社会工作者推动社区精神文化建设，使得社区居民在习惯和行为上逐渐形成一种尊重他人、热爱社区、关心公共事务的生活方式。这种潜移默化的教育和引导，有助于实现社会整体风貌的提升和社区的长远发展。

第二节　社区治理对社会工作的需求与推动作用

一、社区治理对社会工作专业能力的需求

随着社会的不断进步和阶层结构的日益复杂，社区成为社会基本构成单元的显著性更加突显。然而，社区治理并不仅是单纯的行政管理和物质分配，它还涉

及居民之间的互动、生活状态的改善以及社会资源的有效整合等多个层面。社会工作者在社区治理中扮演的角色愈加重要，这对其专业能力提出了更高的要求。

社区治理需要社会工作者具备多学科的知识背景和跨界整合的能力。社区中的问题往往涉及经济、法律、教育、心理等多个方面，这些问题不是靠单一学科背景的人员可以解决的。社会工作者需要具备广博的知识背景，能够在不同领域间进行有效的整合和转化，从而在复杂背景下为社区居民提供综合性的服务。由于社区问题的多样性和复杂性，社会工作者还需掌握跨学科的探究方法和实践技能，将心理学、社会学、法律、经济学等多方面的知识融会贯通，灵活应用于实际工作中。

社区治理对社会工作者的沟通协调能力提出了严格的要求。社区是一个多元化的小社会，内部成员的需求和价值观各异，常常存在矛盾和冲突。在这样的环境中，社会工作者需要具备较强的沟通能力，不仅要与社区居民良好互动，准确理解他们的需求，还要在居民之间、居民与政府之间进行有效的协调，化解矛盾，促进共识的达成。社会工作者的沟通技巧和协调能力直接影响到社区治理的效率和质量，也是社区和谐、稳定发展的关键因素。

社区治理要求社会工作者具备敏锐的社会洞察力和灵活的应变能力。社区问题千差万别，变化迅速，社会工作者需要能够迅速识别和响应新出现的问题和需求。同时，他们需要能够根据实际情况快速调整工作策略和方案，以适应社区动态发展的需要。敏锐的洞察力和灵活的应变能力使社会工作者能够在复杂多变的社区环境中保持主动，及时发现和解决潜在的问题，保障社区工作的持续性和有效性。

社会工作者还需要具有较强的资源整合和利用能力。社区治理不仅依赖于政府的支持和资源配置，更需要社会各界的广泛参与和资源的合理利用。社会工作者在社区工作中，需要有能力发现并整合各种社会资源，包括政府资源、社会组织资源、企业资源以及社区内部资源，形成有效的社会支持网络。这种资源整合能力不仅提升了社区治理的效率，还加强了社区的凝聚力和自我管理能力。

社区治理对社会工作者的伦理素养和职业操守提出了高标准的要求。社会工作者在社区治理中需要面对各种利益冲突和伦理困境，需要具备高度的职业伦理素养，遵循社会工作伦理原则，保持职业操守，公正、公平地对待每一位社区成员。同时，他们还需具备较强的伦理决策能力，能够在复杂的情境中作出正确的判断和决策，维护社区的和谐和稳定。

社区治理中社会工作者的危机管理能力也是一项不可或缺的专业能力。在应对突发事件和紧急情况时，社会工作者需要具备迅速反应和有效处置的能力。无论是自然灾害、人为事件，还是突发的社会矛盾，都会对社区造成不同程度的影响。社会工作者需要具备危机识别、评估和应对的专业能力，能够在危机发生时迅速组织资源，提供紧急援助，开展心理疏导，保障社区的安全和居民的基本生活需求。这种危机管理能力不仅体现在应急处理上，更体现在危机的预防和风险的管理上，社会工作者需要建立完善的危机预警和应对机制，提升社区的应急反应能力和抗风险能力。

强化社会工作者的文化敏感性和多元文化背景知识对于社区治理也具有重要意义。当前，随着全球化进程加快和人口流动性的增强，社区居民变得更加多元化，民族、文化、宗教等差异显著增加。社会工作者在社区治理中，需要能够尊重和包容不同文化背景的居民，理解他们的价值观和生活方式，避免因文化冲突而引发社会矛盾。多元文化背景知识的掌握和文化敏感性的培养，有助于社会工作者在工作中开展更为有效的文化沟通和服务提供，促进社区的多元文化融合与发展。

社会工作者要具备前瞻性和创新意识。社区治理不断面临新形势、新任务，传统的工作方法和模式可能难以应对现实中出现的新挑战。社会工作者需要具备前瞻性的眼光，能够预见社区未来的发展趋势和潜在问题，并积极探索和实践新的治理模式和方法。创新意识不仅是提升工作效果的关键，更是推动社区可持续发展的动力源泉。通过不断实现自我革新和技术手段的融合，社会工作者能够为社区治理注入新的活力。

社会工作者完整深厚的理论素养与扎实的实务能力同等重要。社会工作者不仅需要深刻理解和掌握社会工作的基本理论和方法，还需要具备实际操作能力，能够将理论应用于实践。在社区治理中，动手操作能力、实践技能和评估能力尤为重要，社会工作者要能灵活应用所学的理论工具，进行社区问题的分析和评估，设计、实施和评估社会服务项目，保障社区治理的有效性和科学性。理论与实践的有效结合，不仅提升了社会工作者的专业水平，也为社区治理提供了理论指导和实践支持。

通过专业培训和继续教育，社会工作者需要不断提升自身的专业能力和综合素养。社区治理对社会工作专业能力的需求动态且高标准化，社会工作者需要通过持续的专业培训和继续教育，不断更新知识，提升技能，适应社区工作的变化和发展。同时，学习型社会的构建和终身教育理念的倡导，也为社会工作者的专业成长提供了广阔的空间和平台，不断提升其在社区治理中的竞争力和服务水平。

二、社区治理对社会工作专业服务模式的需求

随着城市化进程的推进和社会复杂性的增加，传统的社会工作模式已经不能完全满足社区多样化、个性化的需求。社区治理作为一种重要的社会基层管理手段，其对社会工作专业服务模式的需求主要表现在解决社会问题、促进社区发展和增强社会凝聚力等方面。

社区中的困难群体和弱势群体是社会工作的主要服务对象，他们面临各种复杂的社会问题，如贫困、失业、疾病、家庭暴力等。传统的社会工作模式往往采用个案工作、小组工作等方式，对个人或家庭提供援助。但随着社会问题的复杂化和多样化，单纯的个案工作已经不能全面、有效地解决这些问题。社区治理要求社会工作把目光从个体扩展到整个社区，通过整合社区资源、发动社区力量，进行系统性的干预和支持，以实现对社区整体问题的有效解决。这种需求促使社会工作专业服务模式向综合性、系统性和社区化方向发展，强调社区参与、资源整合和跨专业合作。

现代社区中的居民不仅需要物质上的帮助，更需要精神层面的支持和社会关系的修复。社区治理强调社区成员的广泛参与和集体行动，促进社区居民的自我管理和自我服务。这对社会工作提出了新的要求，即要加强社区动员和居民参与，营造良好的社区氛围，增强社区成员的归属感和认同感。为此，社会工作的专业服务模式需要注重社区活动的策划与组织，通过各种形式的社区活动，激发居民的参与热情，增加社区成员的互动，进而提高社区的社会资本和凝聚力。

在社区治理过程中，资源整合和协同合作是不可或缺的环节。社区中的社会问题往往具有跨领域、跨部门的特点，单一部门和机构难以独自解决所有问题。因此，社区治理对社会工作提出了资源整合和跨部门合作的需求，要求社会工作者具备整合社区资源、协调多方力量的能力。社会工作专业服务模式需要适应这种需求，通过建立跨部门合作机制，与社区内外的相关机构、社会组织和志愿者等形成协作网络，共同应对社区问题。这种协同合作不仅有助于资源的高效利用，还能提高服务的覆盖面和针对性，提升社区治理的整体效能。

社区治理的目标不仅在于解决眼前的问题，更在于促进社区的可持续发展。

社会工作在这个过程中扮演着重要的角色，通过教育、培训和能力建设，提升社区成员自身的素质和能力，帮助他们掌握解决问题的技能，提高自我发展的能力。这对社会工作专业服务模式提出了新的需求，即要从单纯的服务提供转变为能力建设和发展支持，注重居民的教育和培训，培养他们的自我管理和自我发展能力。此外，社会工作还需在社区中推广和实施各种社会创新项目，探索和实践不同的服务模式和干预手段，以应对不断变化的社会需求和问题。

在信息化和智能化的今天，社区治理对社会工作专业服务模式的需求还体现在信息技术的应用上。通过信息技术手段，社会工作可以更全面、及时地了解社区动态和居民需求，提供更加精准和高效的服务。例如，利用数据分析技术，可以实现对社区问题的前瞻性预测和针对性干预，提升服务的预见性和有效性。再如，通过建立社区服务平台和智慧社区应用，社会工作者可以更加便捷地与居民互动，提供线上线下相结合的综合服务，提高服务的便利性和覆盖面。

在社区治理过程中，社区文化的建设和传承是不可忽视的部分。社区文化不仅是社区成员价值观、行为规范和生活方式的体现，更是社区凝聚力和认同感的重要来源。社会工作在其中的角色，不仅是服务提供者，更是社区文化的倡导者和传播者。社会工作专业服务模式需要注重社区文化建设，通过各种文化活动和项目，弘扬积极健康的社区文化，增强社区的文化认同和精神力量，为社区治理提供坚实的文化基础。

居民日益增长的多样化需求和社区治理的不断深化，给社会工作专业服务模式带来了新的挑战和机遇。社会工作必须紧跟社区治理的发展趋势，不断创新服务模式，提升服务质量和效果，以更好地满足社区的需求，推动社区的和谐与发展。通过专业服务模式的转型和创新，社会工作将更好地为社区治理提供支持，不断提升社区居民的生活质量和幸福感。

三、社区治理对社会工作政策支持的需求

社区治理对社会工作政策支持的需求，可以从多个维度深入分析，包括政策制定、资源分配、专业技术支持以及社会观念引导等方面。

从政策制定层面来看，社区治理是一个复杂的系统工程，涉及利益相关者众多，有效的政策支持是其顺利推进的基础。社区治理需要在国家政策的大框架下，结合本地实际情况，调整和制定适应本地社区特质的社会工作政策。具体来说，社区治理对社会工作的政策支持需求主要体现在以下几个方面：

首先，社区治理需要制定精准的社会工作政策，以满足各类社区居民的差异化需求。不同社区存在的社会问题和居民需求千差万别，有的是老龄化问题严重，有的是青少年犯罪率高，还有的社区面临着失业率居高不下的困境。因此，社会工作政策的制定必须做到因地制宜，针对不同社区特点，量身定制相关政策，为社会工作者提供清晰的工作方向和规范。

在资源分配方面，社区治理需要政府和社会各界对社会工作给予更加充分的资源支持，包括资金、人员、物资等。社会工作是一个耗费大量资源的领域，尤其在社区治理的背景下，社会工作面临的问题更加复杂多样。因此，社会工作政策需要明确资源投入渠道和分配机制，确保社会工作者能够获得充足的资源来开展工作。政策制定者应根据社区治理的实际需求，设立专项资金支持社会工作发展，并鼓励社会各界捐资助力社会工作。

政策支持还应包括专业技术支持，即政策应当为社会工作者提供完善的培训和职业发展体系，提升他们的专业能力和服务水平。社区治理需要大量高素质的社会工作者，而专业培训和技术指导是培养合格社工的重要保障。政府和社会各界应通过政策引导和支持，建立完善的社会工作培训体系，加强对社会工作者的职业道德教育、专业知识传授和实战技能培训，并设立相关的职业资格认证制度，确保社会工作者队伍的专业性和可靠性。

在社会观念引导方面，社区治理需要政策支持来改变传统观念，提高公众对社会工作的认知度和认可度，营造良好的社会氛围。社会工作在我国的发展时间相对较短，公众对其内涵、作用和价值的认识仍存在诸多误区和偏见，一些人甚至认为社会工作者只是"义工"或"志愿者"。因此，国家和地方政府需要通过政策引导，积极开展社会工作宣传教育，提升公众对社会工作的认可，鼓励更多有志于此的人才加入社会工作者队伍，为社区治理提供人力资源保障。

政策支持还应涵盖社会工作的法律保障，通过立法为社会工作者的权益保护和职业规范提供制度化保障。社区治理的推进过程中，社会工作者常常面临各种风险和挑战，包括工作环境的恶劣、职业暴露的危险、个人权益的受损等。因此，政府应通过立法保护社会工作者的合法权益，为他们提供一个安全、稳定、有保障的工作环境，减轻工作压力和心理负担，增强职业安全感和归属感。

此外，政策支持中的制度创新也是社区治理对社会工作的重要需求。社区治理是一项需要创新思维和灵活机制的工作，社会工作政策需要通过制度创新来推动社会工作服务的改进和升级。例如，可以通过政策鼓励和支持社会工作领域的科技应用，如线上咨询平台、智慧社会工作系统等，提升社会工作服务的效率和质量；还可以通过政策推动跨部门合作，实现社会工作服务与医疗、教育、司法等多个系统的联动，为社区居民提供更加综合、全面的服务。

四、社区治理推动社会工作发展的具体案例

社区治理在社会工作的发展过程中起到了至关重要的推动作用，具体体现在资源整合、政策支持、合作机制和社区需求反馈等方面。通过充分利用社区资源和政策环境，社会工作在具体案例中得到了有效的发展和实践，极大地提升了社区居民的生活质量和社区公共服务的效率。

社区治理通过资源整合有效支持了社会工作的开展。在社区建设过程中，政府、社会组织、企业和居民等不同主体共同参与，形成了资源联动机制。这种机制能够有效调动多方资源，为社会工作的顺利开展提供了必要的物质、资金和人力支持。例如，在北京的一些社区治理项目中，政府部门设立了专门的社区基金，用于支持社会工作者的服务项目，如老年人照护、青少年心理辅导等。这些项目不仅解决了部分居民的实际问题，还为社会工作者提供了丰富的实战经验和专业成长的机会。

政策支持是社区治理推动社会工作发展的另一个关键因素。政府通过出台一系列政策和法规，为社区社会工作的发展提供了良好的政策环境。例如，法律法规及相关政策明确了社会工作在社区建设中的重要地位和职责，提高了社会工作的社会认同感和职业地位。在广州市，政府出台的社区治理政策规定，每个社区至少要设立一个社会工作服务站，并配备专业的社会工作者。政策的强制性要求不仅促进了社会工作在社区的普及和发展，还提升了居民对社会工作的认知和信任。

合作机制的建立是社区治理推动社会工作发展的另一个重要方面。通过建立多主体合作机制，社区治理中的各个利益相关方能够高效地沟通、协调和合作，共同应对社区问题。在上海的一些社区治理案例中，居委会、社会组织和社会工作者通过签订合作协议，共同承担社区建设和服务的责任。例如，在老年人关爱项目中，居委会负责项目统筹和资源调配，社会组织提供专业支持，社会工作者则直接开展服务。这样的合作机制提升了各方的积极性和责任感，从而推动了社会工作的高效开展和专业化发展。

社区需求反馈机制是社区治理推动社会工作发展的重要手段之一。通过建立高效的社区需求反馈机制，能够及时了解居民的需求和期望，指导社会工作者开展有针对性的服务。例如，在深圳的一些社区治理实践中，设立了居民意见箱、召开居民座谈会、开展社区问卷调查等多种形式，收集居民对社区服务的反馈意见。这些反馈意见经过分析和整理后，成为社会工作者制定服务计划的重要参考依据，使得社会工作更加贴近居民需求，提高了服务效果。

具体案例进一步说明了社区治理是如何推动社会工作发展的。在南京市的"邻里中心"项目中，政府与社会组织共同合作，通过整合社区资源、建立多主体合作机制、实施包容性政策和及时了解社区需求，推动了社会工作的深入发展。邻里中心设有多功能活动室、图书馆、医疗诊所等设施，并配备了社会工作者、心理咨询师、社区医生等专业人员，为居民提供一站式服务。社会工作者通过邻里中心这个平台，了解居民的实际需求，如针对老年人的健康管理、孤独青少年的心理辅导、家庭矛盾调解等。项目实施后，不仅有效提升了居民的生活质量，还加强了社区居民之间的互动与信任，促进了社区的和谐发展。

在四川省成都市高新区的"智慧养老"项目中，社区治理同样发挥了重要作用。政府与科技企业、社会组织合作，在社区中推广使用智能设备和网络技术，为老年人提供便捷的服务。社会工作者利用智慧养老平台，与老年人、医疗机构和志愿者进行实时沟通，及时了解老年人的健康状况和需求，提供个性化服务。例如，通过佩戴智能手环，老年人的健康数据可以实时传输到社区医院和社会工作者的手机上，一旦出现异常情况，社会工作者可以第一时间进行应对。这一项目不仅提高了老年人的生活质量和安全感，还推动了社会工作者在科技应用领域的创新和专业能力的提升。

通过上述具体案例可以看出，社区治理在推动社会工作发展中具有重要的现实意义。它不仅为社会工作者提供了广泛的资源、政策支持和合作平台，还通过需求反馈机制使社会工作更加贴近居民实际需求，提升了服务效果和社会认可度。此外，这些案例也反映了社会工作在社区治理中的重要作用，通过专业服务和人文关怀，促进了社区的和谐与发展。继续深化社区治理与社会工作的互动，将为实现共同富裕和构建和谐社会提供重要支持和保障。

第三节 社会工作与社区治理的协同实践

一、社会工作与社区治理的合作模式探索

一方面，社会工作与社区治理的结合需要建立在深刻理解双方角色和功能的基础上。社会工作者在理论上具备专业知识，能够提供心理、行为和社会支持服务，这是推动社区居民解决个人困境的关键资源。社区治理则依赖于社区内部的自治和外界的政策支撑，旨在实现社区内部各利益群体的平衡与协调。将社会工作嵌入社区治理结构中，可以充分发挥专业社会工作在整合资源、促进协商、解决冲突等方面的独特优势，使社区治理更加科学化、合理化。

另一方面，社会工作与社区治理的深度融合需要建立起一套行之有效的合作机制。这种合作机制可以通过政府、社会组织、社区自治组织及其他利益相关者的多方合作实现。政府在这一过程中应承担起统筹、资源配给与政策导向的作用，为社会工作与社区治理的协同行动提供制度性保障。具体做法包括设立专项资金，推动法律法规的完善，督促各部门间的资源共享和信息交流。

此外，社会组织作为第三方力量，也可在社会工作与社区治理的协作中发挥重要作用。社会组织往往具有较强的灵活性与适应能力，可根据实际需求定制化地提供多种服务。这种灵活性可弥补政府资源配置中的不足，并可通过多方合作达成解决社区问题的多样化路径。这些社会组织不仅能够实施具体项目，还可通过研究和评估提供政策建议，这对改善社区治理结构提供了科学依据。

在社会工作与社区治理的合作模式中，社区居民的参与度和主体意识是决定性因素。有效的社区治理应当立足于社区内部形成共识，并推动居民积极参政议政。社会工作的基本原则亦强调居民自身发展的主体性，在协同实践中鼓励居民自我管理、自我服务。如通过社区会议、居民代表大会等形式，让居民参与社

区事务的决策过程，共同讨论和解决社区发展中的问题。与此同时，通过社会工作专业的介入，如心理辅导、社区健康教育等，增强居民参与社区事务的能力与信心。

合作模式的探索还需要重视技术手段的应用。现代信息技术在社会工作与社区治理中的应用可以显著提升合作的效果与效率。如通过大数据分析、智能化管理系统，可以精准识别社区的特定需求，实时监测社区运行状态，对潜在问题进行预警和动态调整。这种高效、精准的技术支撑可以使社会工作服务更加贴近社区实际，提高资源利用率。

从长远来看，社会工作与社区治理的合作应追求常态化、制度化，通过建立长效合作机制，实现协同发展的目标。制定合作的行为规范，明确各主体的职责与权利，通过定期的评估与反馈机制，持续改进合作模式。此类制度建设不仅提升了社会工作与社区治理的互动效能，还为未来的合作奠定了坚实基础。

二、社会工作参与社区治理的实践路径

在共同富裕视角下，社会工作更加侧重于通过社区互助、资源整合和能力建设来促进社会公平与正义，提升社区居民的生活质量和公共服务水平。

社会工作参与社区治理的首要路径在于社区需求评估和资源的高效匹配。社区需求评估是了解社区问题和需求的基础，需要依靠社会工作者系统性的社区调研和居民访谈等方法，通过数据分析和居民反馈来识别社区的短板和挑战。社区需求的精准识别能够确保后续资源投放的针对性和有效性。与此同时，资源高效匹配则要求社会工作者在评估完成后进行资源的盘点和整合。这包括政府资金和项目、企业捐助、社会组织支持、志愿者服务等各类资源的协调和管理。这种整合不仅能提高资源的利用率，更能最大化社会政策和福利的实际效果，推动社区共同富裕。

社会工作参与社区治理的第二条路径是通过倡导与动员来增强居民的社区参与意识和自治能力。在此过程中，社会工作者不仅要提升自身的专业技能，还需扮演"桥梁"角色，把社区居民、政府部门和其他利益相关方连接起来。通过组织社区座谈会、讨论会、工作坊等形式，社会工作者可以引导社区居民主动表达诉求，参与社区事务，培养居民的公共意识和社会责任感。同时，通过培训和

指导来提升居民的自治能力，使他们能够自主组织和管理社区活动，形成一套居民自我管理、自我服务和自我发展的长效机制。只有居民真正成为社区治理的主角，社区才能实现可持续发展。

社会工作参与社区治理的第三条路径是在项目设计和实施过程中，构建合作共赢的多元主体协同机制。传统的社区治理模式往往依赖政府主导，而在新的社会环境下，多元主体的参与才能更好地应对复杂、多变的社会需求。社会工作者需主导或参与建立一个多元主体合作平台，吸纳政府、企业、社会组织和社区居民等共同参与，以实现各方利益的协调与资源的共享。在项目设计阶段，通过多方协商和合作，确保项目方案不仅科学、合理，还能切实符合社区需求。在项目实施过程中，通过跨部门、跨机构的协同工作，确保项目资源落实和政策落地的顺畅。多元主体的紧密合作，不仅增强了社区的整体治理能力，也提升了项目的执行效率和成果的可持续性。

社会工作参与社区治理的第四条路径是通过倡导包容性和可持续性发展，推动社区的社会创新和福利创新。在共同富裕的视角下，社区治理需要更多包容性的政策和项目设计，以确保每个群体，尤其是弱势群体的福祉得到保障和提升。社会工作者应关注妇女、儿童、老年人、残疾人等特殊群体的利益，通过个案工作、团体工作和社区工作等方法，凝聚和转化社区力量，发掘社区发展的内生动力。社会创新和福利创新其中一个重要方向是通过社会企业、社区合作社等新型经济组织形式，提高社区的经济自主能力和自我组织能力。同时，社会工作者需全程参与，从项目策划、资金筹措、运营管理到后期评估，确保项目的社会效益和经济效益双赢。通过这些包容性和可持续性的发展举措，社区居民的整体福祉和幸福感将会显著提升。

社会工作参与社区治理的最后一条路径是利用科技和信息化手段提升社区治理的精细化和智慧化水平。随着数字技术的快速发展，社区治理已进入"智慧社区"的时代。社会工作者应善于利用互联网、大数据、人工智能等现代科技，构建智慧化信息平台，实现社区事务的数字化管理和服务的精准化投放。信息平台不仅能够实时收集和分析社区的各类数据，还能为居民提供便捷的公共服务和互动渠道，如智慧养老、智慧医疗、智慧安防等。此种信息化手段不仅大大提高了社区资源的配置效率，也增强了居民的生活便利和安全感。在此过程中，社会工作者需担当技术与社区之间的链接者，确保技术应用的友好性和普及度，使每个居民都能享受到现代科技带来的福利和便利。

通过这些路径的积极践行，社会工作不仅能有效提升社区治理的质量和水平，而且能为共同富裕这一宏大社会目标的实现提供坚实的支持和保障。

三、社会工作在社区治理中的协同创新

社会工作者作为连接政府与居民的桥梁，他们利用专业技能和本地化经验，推动社区治理模式的创新和发展，以促进和谐、健康、可持续的社区环境。

社会工作者首先通过精准识别社区存在的问题和需求，发挥他们擅长的评估和调研能力，了解居民的实际生活状况及其潜在问题。这种全面的需求评估使得社会工作者能够有针对性地制定服务计划，并且为政府的决策提供科学依据。例如，通过居民访谈、问卷调查、焦点小组讨论等方式，社会工作者可以发现社区中存在的孤独老人、青少年犯罪、环境卫生等问题，并将这些信息整理反馈给社区治理机构，推动资源的合理配置和服务的精准对接。

在社区治理中，社会工作者还扮演着非常重要的协调者角色。他们是沟通社区成员与政府政策的中介，帮助居民理解和落实政府的各项政策措施，减少因政策误解而造成的冲突与矛盾。例如，在公共卫生事件中，社会工作者可以协助政府进行防疫宣传、组织疫苗接种工作，并通过个别交流消弭居民的抵触情绪与疑虑，从而提高政府措施的执行效果和人民的满意度。

社会工作尤其重视社区内部的协同合作，通过建立和运营社区组织来加强居民之间的联络与支持网络，促进社区自治。社会工作者利用其组织社区活动、建设社区文化的经验，帮助居民成立志愿者团队、兴趣小组和自治委员会等组织，增强居民的自主治理能力。在此过程中，社会工作者不仅提供了必要的培训和指导，还通过实际参与和带动，引导居民共同解决社区问题，实现共同富裕下的社区自治。

在科技飞速发展的今天，社会工作者也积极探索利用信息化手段提升社区治理效率。利用社区大数据分析平台，社会工作者更为科学地分析居民需求和问

题，通过智慧社区管理系统快速响应、精准服务。信息化的社区治理手段不仅使社会工作者的服务更为高效、便捷，也让居民有了更多参与社区治理的渠道和方式。通过线上会议、微信公众平台、社区App等手段，社会工作者能够更及时地收集居民反馈，发布治理信息，推进问题的及时解决。

社会工作在社区治理中的创新实践不仅体现在资源整合方面，还表现在服务内容和形式的多样化上。根据不同社区的特点和需求，社会工作者创新性地开展了如心理疏导、文化传承、职业培训、家庭关系调解等服务项目。与此同时，通过与教育、医疗、法律等专业机构的合作，社会工作者更全面地整合了社会资源，为居民提供跨领域的综合服务，拓宽了社区治理服务的广度和深度。

社会工作介入社区治理中的政策倡导功能也日益显现。社会工作者通过参与社区政策的制定和评估，提出建设性意见和建议，帮助政府优化政策设计和实施路径。这一过程中，他们不仅是政策的执行者，也是政策的创新者，社会工作者以居民需求为导向，推动政策更加人性化、科学化。例如，在老龄化社会背景下，社会工作者通过调研和实践倡导社区开展适老化改造、多代同堂互助等项目，提升老年居民的生活质量和社会参与度。

协同创新的理念贯穿于社会工作的全过程，通过创新实践，不仅提升了服务的准确性和专业性，也改善了社区治理的整体水平。在新时代背景下，社会工作者需要不断地学习和适应新环境，提升专业技能和综合素质，充分发挥其在社区治理中的重要作用。他们的努力不仅是为了提升社区居民的生活质量，也是为了实现社会的和谐稳定和长久发展。

四、成功协同实践的案例分析

第一个成功的协同实践案例可以是"邻里互助"计划。这个计划的起源是为了应对社区老龄化问题，在具体实施过程中，社会工作者通过调研了解社区老年人的需求，从而制定出符合实际情况的服务项目。在"邻里互助"计划中，社会工作者与社区居民、志愿者协同合作，形成合力，有效破解了老年人的日常生活问题。比如，食物配送、健康检查、心理关怀等活动。常常由社会工作者牵头，组织志愿者进行服务，居民则通过参与活动不断增强社区认同感和自我效能感。由于社区成员积极参与和支持，这种协同实践具有高度的可持续性，许多老年人不仅在生活上得到了具体帮助，同时在精神上也得到了极大的慰藉。

　　第二个案例是"社区安全治理项目"，这一项目的目标是解决某些社区的治安问题。在项目实施过程中，社会工作者扮演了连接社区、警察和政府部门的桥梁角色。通过社区座谈会、问卷调研和一对一访谈，社会工作者了解了居民对社区安全的担忧，并与社区警察及政府部门沟通，制定综合治理方案。在此过程中，社会工作者协同社区居民组成"志愿治安队"，共同参与巡逻和安全宣传，同时结合新的科技手段，比如安装监控摄像头，引入智慧安防系统等，从多个维度提升社区的整体安全感。公安部门为社会工作者提供专业支持，居民的参与使得项目具有扎实的民意基础，政府部门的配合确保了政策和资金的保障，多方力量的协同合作最终使得社区治安状况显著改善。

　　第三个案例是"社区教育促进计划"，该计划旨在提升社区居民的文化素质和教育水平。在实施过程中，首先对社区居民的教育需求进行了全面调研，然后组织起由社会工作者、教育专家、志愿者和居民共同参与的工作团队。在教育促进计划中，社会工作者承担了组织和协调的职责，教育专家负责提供专业教学，志愿者则帮助进行各类具体活动的执行。通过开展读书会、技能培训班、家庭教育讲座等多种形式的活动，社区居民能够在生活和工作之余获得继续教育的机会。居民们渐渐自发组织起各类兴趣小组，形成了积极向上的社区文化氛围。在这一协同实践过程中，社会工作者的引导、教育专家的专业支持以及居民的广泛参与，相辅相成，共同促进了社区教育水平的提升，这也从侧面进一步提升了社区的凝聚力和向心力。

　　分析这些案例可以发现，成功的协同实践一般具备几个关键要素。第一，明确的目标和方向。无论是解决老年生活问题、安全治理还是教育促进，均有具体且明晰的目标。只有方向明确，各方才能形成有效的协同和配合。第二，充分的民意调研和需求分析。社会工作者往往扮演桥梁和沟通者的角色，通过系统的调研和分析，全面了解社区居民的真实需求和期望，从而制定出贴近实际的服务计划。第三，多方力量的参与和合作。包括居民、志愿者、专业人士及政府等多方主体的联合与合作，各方的资源和优势在协同实践中得到了充分的整合和发挥。第四，有效的沟通和反馈机制。在整个协同实践过程中，通过建立有效的沟通渠道和反馈机制，确保各方意见能够及时传达和解决，形成了良好的互动和共识。第五，持续的监督和评估。通过持续的监督和评估，及时调整和优化项目实施过程中的各类细节和问题，确保项目的顺利实施和效果的持续改进。

第四节　社会工作与社区治理的政策环境及影响分析

一、当前社会工作与社区治理的政策概览

近年来，中央和地方政府相继出台了一些政策，明确了社会工作与社区治理的方向和任务。国家层面的政策主要包括《中共中央关于构建社会主义和谐社会若干重大问题的决定》《关于加快推进社区社会工作服务的意见》《关于加强基层治理体系和治理能力现代化建设的意见》等。这些政策文件为社会工作与社区治理提供了政策依据和行动指南，强调了社会工作在社区治理中的重要作用，明确了社会工作者在加强社区服务、化解社区矛盾、维护社会稳定中的功能，提出了加强社会工作专业人才队伍建设的具体措施。

地方政府层面，各省、市也充分结合当地实际，相继推出了支持社会工作与社区治理发展的政策文件。例如，广东省出台了《关于加强社会工作专业人才队伍建设的实施意见》和《广东省推进民政领域基层社会治理体系和治理能力现代化的若干措施》，上海市自2018年起接连发布《上海市城市管理精细化三年行动计划》等。地方政策在贯彻中央精神的基础上，更加注重因地制宜，突出地方特色的社会工作与社区治理模式。

在政策框架内，社会工作与社区治理的互动主要体现在以下几个方面。首先是资金支持。政府通过财政拨款、专项资金等形式，加大对社会工作的财政支持力度，为社会工作机构提供更为充足的发展经费。例如，许多地方政府设立了社区服务专项资金，用于支持社会工作项目的实施，鼓励社会组织和社会力量参与社区治理。这些资金不仅为社会工作的发展提供了物质基础，也为社区治理创新提供了必要的保障。

其次是体制机制创新。政府在推动社会工作与社区治理融合发展的过程中，

注重完善体制机制建设。例如，建立健全社会工作专业人才评价机制、社会工作从业人员职业资格制度等，通过这些制度设计，鼓励和规范社会工作者的职业发展。此外，地方政府还可以积极探索建立基层社会治理多元化参与机制，通过政府购买服务等多种形式，推动社会工作者、社区居民和社会组织在社区治理中形成合力。

此外，政策还注重加强专业人才培养。社会工作与社区治理的有效互动需要大量专业人才的支持。为此，各级政府在政策中提出了加强社会工作专业人才培养的具体措施。例如，增加社会工作专业教育和培训资源，鼓励高校开设社会工作专业课程，设立社会工作专业人才奖助学金等。地方政府还通过组织培训班、进修班等形式，不断提升在职社会工作者的专业素质和服务能力。

政策在促进社会工作与社区治理互动的过程中，也带来了一系列深远的影响。

一方面，政策推动了社会工作专业服务的扩展，使社会工作者在社区治理中发挥更加重要的作用。通过政策支持，社会工作者深入社区，开展了形式多样的服务活动，如心理咨询、家庭辅导、青少年教育等。这些服务不仅满足了社区居民的具体需求，也提升了居民的幸福感和归属感，促进了社区的和谐稳定。

另一方面，政策推动了社区治理模式的创新。在政策引导下，社区治理从单一的政府主导模式向多元主体参与模式转变。社会工作者作为重要的社区治理主体，积极参与社区事务和公共管理，成为政府和社区居民之间的桥梁和纽带。通过他们的参与，社区治理更加注重居民需求和参与，形成了政府、社会组织、社区居民共同治理的新格局。

此外，政策还促进了社会工作者的职业认同和社会地位的提升。通过政策文件的规范和引导，社会工作者的职业认同感和社会地位得到了显著提升。一些地方还设立了社会工作者荣誉称号和表彰制度，为优秀社会工作者提供表彰和奖励，进一步增强了从业者的职业自豪感和社会认可度。

政策对社会工作与社区治理的支持和影响是多方面的。从资金保障到机制创新，从专业人才培养到模式引导，政策全面推进了两者的互动与融合。随着政策的不断完善和深化，社会工作与社区治理的协同效应将愈加显著，为实现共同富裕、构建和谐社会提供更加坚实的基础和动力。

二、政策环境对社会工作的影响

社会工作是通过政策环境才能有效开展并实现其目标的。而政策环境对社会工作的影响则体现在多个方面，包括政策法规、资源分配、社会认知与舆论导向等方面。

在政策法规层面，政府制定的各类法律法规与政策文件为社会工作的开展提供了法律依据和操作指引。这些政策法规明确了社会工作的定位、服务内容、服务对象及其权责关系。法律法规为社会工作的合法性提供了保障，使社工能够得到法律的保护，同时明确了社工的责任与义务。政策法规还规定了社会工作机构的设置、管理、运营等具体内容，使社会工作实践有章可循，有法可依。政策法规的健全与否、明确程度、执行力度都直接影响到社会工作的发展和普及。

政府的资源分配政策也是影响社会工作的一个关键因素。社会工作需要各类资源的支持，包括人力资源、财力资源和物资资源等。政府通过财政预算安排、专项资金设立、资源调配等方式，为社会工作提供必要的支持。这些资源的分配不仅直接影响社会工作服务的质量和覆盖面，还影响社会工作者的积极性和稳定性。例如，专项资金的设立和持续性投入，可以确保社会工作服务项目长期开展，不至于因资金不足而中途夭折。

社会认知与舆论导向是政策环境中的一个重要因素。政策环境中的宣传教育、公众舆论和媒体报道等，都会对社会工作产生深刻影响。政策环境通过各类宣传教育活动，使社会大众对社会工作有了更好的认知和了解，提高了社会对社会工作者的认同感和支持力度。舆论导向则可以通过正面报道和舆论引导，提升社会工作的社会形象和威信，增强社会工作者的职业认同和自豪感。相反，如果舆论环境存在偏见或误解，可能导致社会对社会工作的曲解和不信任，进而影响社会工作的推行和效果。

政策的稳定性和可持续性是一个重要的影响因素。一个国家或者地区的政策环境是否稳定，直接关系到社会工作的连续性和效果。如果政策频繁更迭，社会工作的长期规划和实施必然受到影响。此外，长期而持续的政策支持，可以确保社会工作在变化的社会环境中始终保持旺盛的生命力和适应性。

政策环境对社会工作的影响还体现在社会保障制度上。一方面，健全的社会保障制度可以分担社会工作的部分压力，使社会工作更好地集中资源和精力进行服务创新和扩展。另一方面，社会保障制度的完善也需要社会工作者的参与，无论是政策的调整、实施，还是服务的落地，都需要社会工作者的专业介入。因此，社会保障制度与社会工作是相互依存、相互促进的关系。政策环境中对社会保障制度的改革与完善，会直接影响到社会工作的服务对象和服务内容。

政策环境对社会工作的影响还是多层次、多维度的。一方面，通过政策法规、资源分配和社会保障制度等直接为社会工作提供支持。另一方面，通过舆论导向、公众认知等间接影响社会工作的社会效应和公共形象。政策环境越完善、支持力度越大、认同度越高，社会工作的效果就会越显著，服务面会越广泛，社会工作在社会治理中的作用也会更加突出。

政策环境还影响社会工作者的职业发展和专业成长。一个好的政策环境能够为社会工作者提供良好的职业发展空间，如职业培训、专业认证和职称评定等，保障社会工作者的职业权益，提高他们的职业荣誉感和社会地位。政策环境对社会工作者的支持既包括物质层面的保障，也包括精神层面的认同和激励。而政策环境对社会工作者的忽视和轻视，可能导致社会工作者队伍的不稳定、专业素质不高，进而影响到社会工作的服务质量和社会效益。

政策环境对于社会工作学科的发展和人才培养同样具有重要影响。在政策环境的支持下，高等院校可以开设社会工作专业，培养专业人才，为社会工作提供强有力的人才支撑。政策环境的引导还可以促进社会工作理论与实践的结合，推动社会工作学科的研究和发展，使社会工作更具科学性、系统性和实践性，有力提升其服务水平和服务成效。

三、政策环境对社区治理的影响

政策环境对社区治理的影响可以从多个维度来探讨，包括制度设计、资源配置、政策执行及监督机制等方面的内容。政策环境不仅提供了社区治理的基本框架和具体操作指南，也对社区治理的实际效果产生深远的影响。

政策环境中的政策法规是社区治理的根本指导。政府制定的相关政策法规，确立了社区治理的基本原则、目标以及发展方向。比如，政策法规对居民自治、公共服务提供、社会组织的作用等方面都有明确的规定，并通过法治手段保障其实施。政策法规的完备程度、执行力度和公平性直接影响到社区治理的效果。如果政策法规不完备或执行不力，很可能导致社区治理中的各项工作无法有效开展，进而影响居民的生活质量和社会稳定。

资源配置是另一个关键因素。在政策环境的指引下，政府会根据社区需求、地区发展水平等多种因素，合理配置资源，确保社区治理的顺利推进。资源配置包括财力支持、人力资源调配和社会资本的利用等方面。政府所提供的资源越充分，社区治理的水平就越高。例如，财政拨款充足，社区公共设施就能得到及时维护和升级，社区服务也能更加多样和深入。同时，人力资源的调配也是关键因素之一，政府通过政策调控进行合理的人才引进和培养，使得社区治理工作能够有序推进。如果资源配置不均或不足，社区治理的效果势必会受到影响，可能导致社区基础设施薄弱、公共服务质量下降，居民满意度低等问题。

政策执行是影响社区治理效果的重要环节。即使政策法规制定得再完善，如果缺乏有效的执行机制，政策目标也难以实现。政策执行涉及多个部门和层级，需要各级政府部门协调配合，确保政策能够在基层社区有效落实。例如，在社区建设和改造中，如果政策执行不力，可能会出现项目拖延、资源浪费等问题，最终影响社区治理的实际效果。政策执行还需要充分考虑社区居民的意见和需求，通过多种渠道听取居民的反馈，并及时调整和改进相关政策措施，使得政策更加贴近民众生活。

监督机制对于确保政策执行的有效性和公平性至关重要。有效的监督机制能够发现和纠正政策执行过程中的问题，防止资源浪费和权力滥用。现有的监督机制主要包括政府内部的监督和公众的监督。政府内部的监督主要通过上级部门对下级部门的检查和考核来实现，而公众的监督则是通过信息公开、社会监督和居民参与等方式进行。监督机制的完善程度直接影响社区治理的透明度和公信力。当监督机制不完善时，容易导致政策落实过程中的漏洞和违规行为，影响社区治理的效果。

政策环境的不断变化也是影响社区治理的重要因素。随着社会经济的发展、技术的进步和居民需求的变化，政策环境也在不断调整和优化。比如，近年来随着智慧城市建设的推进，政府出台了一系列相关政策，鼓励社区引入智慧化管理手段，如智能安防系统、社区云平台等，大大提升了社区治理的效率和质量。此外，政策环境的变化还可能带来新的挑战和机遇，如人口老龄化、城市化进程等，都需要政府在政策制定和调整中予以充分考虑，制定相应的政策措施，确保社区治理能够持续健康发展。

政策环境对社区治理的影响还包括对社会组织和居民自治的支持和引导。在社区治理中，社会组织和居民自治是重要的参与者和推动者。政策环境通过法律法规和政策导向，鼓励和支持社会组织和居民自治的发展，使其在社区治理中发挥更大的作用。例如，政府可以通过政策鼓励社会组织参与社区服务和管理，通过提供资金支持、政策优惠和培训机会等，提高社会组织的能力和水平。同时，政策环境可以通过建立和完善居民自治机制，如社区委员会、居民大会等，增强居民的参与感和责任感，使社区治理更加民主和高效。

政策环境在促进社区治理中的创新实践方面也起到了积极作用。政府通过政策引导和资金支持，鼓励社区开展多样化的创新实践，如社区文化活动、环境保护项目、志愿者服务等，促进社区治理的创新发展。例如，政府可以通过政策鼓励社区建立共享空间，开展各种文化活动和公益项目，增强社区凝聚力和居民的归属感。同时，通过政策推动社区与高校、科研机构、企业等合作，引入先进技术和管理理念，提升社区治理的科技含量和管理水平。

政策环境对社区治理的影响是多方面的，也是多层次的。政策不仅提供了社区治理的基本框架和指导，还在资源配置、政策执行、监督机制、社会组织和居民自治的支持与引导等方面，发挥着重要的作用。通过不断优化和完善政策环境，政府能够有效推动社区治理的创新和发展，提升社区服务水平和居民生活质量，进而实现共同富裕的目标。

四、政策优化与实际操作中的问题

针对政策优化，首先需要认识到政策的制定过程是一个系统性工程，往往需要综合考虑多方面的因素。需要严格遵循科学决策、民主决策和依法决策的原则，确保政策的科学性、合理性和可操作性。以社会工作为切入点，在社区治理的政策优化中，需要充分考虑社区的多样性特征，针对不同社区的独特需求，制定因地制宜的政策措施。

在实践中，政策的设计和优化需要深入基层调研，通过与社区居民、社会工作者及其他相关利益群体的广泛沟通，了解他们的真实需求和实际困难。通过这种自下而上的调查研究，可以确保政策能够精准回应基层的社区问题。而在政策优化的过程中，技术手段的创新也不可忽视，充分利用信息技术、大数据分析等现代技术手段，能够大幅提升政策设计的科学性和精准性。例如，利用大数据分析社区居民的需求和意见，可以更快、更准确地掌握社区动态，从而提供有的放矢的公共服务。

政策优化的一个关键环节是制定与实施的有效衔接，避免政策"落地难"的问题。虽然许多政策从纸面到实践中会遇到各种各样的障碍，这要求在政策的设计阶段就设想到可能的操作困难，并设计好相应的解决措施。一个典型的方法是政策的宣讲和培训，确保相关人员充分理解政策内容，并具备相应的执行能力。为此，可以通过开展社区讲座、培训班等多种方式，增强社区工作者的政策认知和执行能力。

政策优化不仅关乎制定与实施的环节，还涉及政策效果的评估与反馈机制的建立。健全的评估机制能有效检验政策的实施效果，帮助及时发现和纠正执行过程中存在的问题。构建系统化的政策评估体系，可以通过问卷调查、访谈、实地考察等多种方式，全面了解政策实施的效果及其对社区的实际影响。通过定期组织社区居民代表、社会工作者以及专家学者等参与政策评审，能够进一步提升政策的科学性和针对性。

在实际操作中，操作路径的不连贯往往也是一个重大阻碍。在从政策到行动的过程中，可能会遭遇资源配置不到位、沟通机制不顺畅、协作方式不合理等问题，这些都会影响政策的实际效果。解决这些问题的办法之一是建立纵横联动的工作机制。通过与政府、非政府组织、社区居民、社会工作者等各方主体的紧密合作，形成多方协同、资源共享的良好局面，有效克服操作层面的掣肘。

政策优化过程中，另一个须重视的问题是社会工作者的专业能力建设。社会工作者作为政策执行的直接操作者，其能力和素质直接关系到政策实施效果。因此，通过系统的、持续的能力培训和职业教育，提升社会工作者的专业水平和职业素养，是政策优化中的重要一环。可以通过引入社会工作专业教育课程、举办各类在职培训班等方式，提高社会工作者的专业服务能力和政策执行力。

从长远来看，政策优化不仅是一个技术性问题，更是一个体制性、制度性问题。社会工作与社区治理政策的优化，需要在现有体制下进行持续革新。一方面，可以通过简化行政程序，提高政府部门之间的协调效率和透明度，确保政策能够迅速、有效地执行；另一方面，需要加强法律法规的完善，明确权责关系，确保各项政策有法可依，有据可循。通过这一系列体制性的改革，推动社会工作与社区治理政策在制度层面的巩固和优化。

此外，社会工作与社区治理政策的优化，还需要广泛吸取国内外先进经验和实践案例。通过对比分析不同国家和地区在社会工作与社区治理方面的政策经验，取长补短，不断改进和完善本土政策。尤其是一些具有较强可复制性和操作性的先进做法，可以通过试点推广，逐步在更大范围内推进和应用。

第五节　构建社会工作与社区治理的良性互动机制

一、构建良性互动机制的理论基础

互动机制的一个关键理论基础是社会交换理论。社会交换理论源自社会学和经济学，强调个体之间或群体之间的互动类似于市场交换行为。这一理论认为，在社会工作和社区治理中，不同主体之间的互动是基于交换过程的，每一方都旨在通过互动获得某种形式的回报。比如，社区成员通过参与社区活动，期望获得社会支持和资源；社区组织和政府部门通过提供服务和支持，获取信任和合作。良性的互动机制意味着这种交换是平衡和互惠的，即各方都能从中受益，而不是一方牺牲自身利益以成全另一方。运用社会交换理论，可以促使各个主体在互动中更加积极，充分认识到具体互动行为带来的长远利益，从而形成持久而有效的互动。

社会资本理论同样为构建良性互动机制提供了重要基础。社会资本理论指出，个体或群体通过社会网络和关系获得资源和支持，这些资源和支持有助于提升整体福祉。在社会工作和社区治理中，社会资本的积累至关重要，社区成员之间的信任、互助和合作能够增强社区的凝聚力和行动能力。通过构建良性的互动机制，能够促进社会资本的生成和积累，如通过建立居民自治组织，举办社区活动，增进居民之间的互动和联系，培养信任感和归属感。社会资本的增加不仅有助于提升社区治理的效果，还能增强居民在参与社会工作的积极性，形成正反馈机制。

系统理论则提供了一种更宏观的视角。系统理论强调，社会是一个复杂的系统，各个部分相互联系、相互影响，共同构成整体系统的功能。社会工作与社区治理也属于这一复杂系统中的组成部分，二者的良性互动依赖于整个系统的协调和稳定。系统理论要求我们在构建互动机制时，应当全面考虑各种因素的相互作用，包括经济、社会、文化等多维度的影响，不能孤立地看待社会工作和社区治理。例如，社区治理中的政策制定应当考虑社会工作的实际需求和反馈；社会工作中的服务规划也应当与社区治理的目标协调一致。通过系统思维，能够形成全面的理解和综合的行动方案，确保互动机制的科学性和有效性。

赋权理论从权力关系的角度出发，为构建互动机制提供了新颖的视角。赋权理论认为，个体和群体在社会中应当具有自主权和参与权，特别是弱势群体应当通过赋权过程增强自身能力和自主性。在社会工作和社区治理中，通过赋权可以激发社区成员的主动性和创造力，增强社区治理的民主性和包容性。构建良性的互动机制需要在具体实践中体现赋权理念，如通过社区会议、伙伴关系、居民自我管理等方式，给予社区成员更多的表达渠道和决策权力，推动他们从被动接受管理转变为主动参与治理。这不仅有助于提高社区治理的质量和效果，也能增强居民的社会责任感和参与感。

合作治理理论强调多主体合作治理的重要性，为构建互动机制提供了操作性强的指导。合作治理理论指出，现代社会治理不再只是政府单一主体的责任，而是需要政府、社会组织、企业、居民等多方共同参与，通过合作实现共同目标。在社会工作和社区治理中，合作治理模式有助于整合各方资源和力量，形成优势互补，实现效率和效果的最大化。构建良性的互动机制，需要建立合作治理结构，如成立多方参与的社区治理委员会，推动政府、社会组织和居民共同制定和执行治理计划，建立信息共享和沟通协调机制，确保各方在互动中形成合力。这种合作模式能够大幅提高社会工作和社区治理的效果和效率，形成持续发展的动力。

认同理论则从文化和心理层面，为构建互动机制提供了重要的理论支持。认同理论强调，个体或群体在社会互动过程中形成对自我和群体的认同，这种认同感有助于增强团结和凝聚力。在社会工作和社区治理中，通过构建良性的互动机制，可以促进社区成员对地方和群体的认同，如通过社区文化建设、共同活动、集体仪式等方式，使居民形成共同的价值观和认同感，增强社区的内在凝聚力。这种认同感不仅有助于提升居民对社区活动和治理的积极性，也能推动社区成员在互动中形成更加紧密和和谐的关系，促进社区的长期和谐与稳定。

二、社会工作与社区治理良性互动的具体策略

良性互动机制的建立不仅需要政策的支持和制度的保障，还需要具体的操作策略来实现。那么，要想构建这样一套互利共赢的机制，首先需要明确两者的目标和角色定位，确保两者不仅在运作层面能够相互协作，在理念上也能相互认同和支持。

在明确目标和角色定位的基础上，建立定期的沟通和协商机制至关重要。通过不同层级的联席会议、专题讨论会、座谈会等多种形式，建立起社会工作机构与社区治理主体之间的定期沟通渠道，使各方能够在及时了解彼此动态的同时，分享信息、交换意见，共同探讨社区发展中的问题与对策。这种沟通机制不仅可以增进信任和理解，还能确保各项工作有序推进，减少信息不对称带来的决策偏差。

为了确保良性互动的长期可持续性，也需要通过多种形式的资源整合和共享来增强合作的深度和广度。具体而言，可以通过签订合作协议、资源共享框架等方式，明确各自的责任与义务。例如，社区自治组织可以为社会工作机构提供办公场所、现有社会资源，甚至是志愿者队伍支持；同时，社会工作机构可以为社区提供专业的培训、咨询以及各类项目支持，确保各方资源能够最优化配置，实现资源利用的最大化。

除了实际资源的整合与共享，还需要构建健全的评估与反馈机制。通过设立联合评估小组，系统地对社会工作和社区治理的联动效果进行定期评估，及时发现协作过程中的问题与障碍，采用合理的反馈机制将评估结果反馈到实际操作中，推动问题的解决。同时，通过建立体系化的激励机制，对表现优异的机构和个人进行表彰和奖励，增强参与各方的积极性和认同感。

另外，社会工作者和社区管理者的专业能力提升也需同步进行。通过定期的交流培训、实地观察学习等方式，提升社区治理人员对社会工作的认知与专业理解，同样也提升社会工作者对社区治理的执行与操作能力。双向的能力建设不仅可以提升整体工作的水平，还能减少两者在工作认知上的差距。

社会工作和社区治理的良性互动还需重视从居民需求出发，设计更为人性化、接地气的服务与治理措施。通过设立居民参与平台，定期开展意见征询、满意度调查等方式，鼓励社区居民积极参与到社会治理中来，使社区治理更加符合居民的切身需求。同时，社会工作机构可以深耕居民的问题，形成具体的、个性

化的服务方案，实现小而精的精准化服务，使居民从中感受到实实在在的效果。

信息技术手段的引入也是提升社会工作和社区治理互动水平的有效策略。通过建设数字化社区平台，实现信息的高效传递与资源的快速调配，居民不仅可以通过在线平台获取社区治理的信息，社会工作者也可以更快捷、更全面地掌握社区的动态信息与居民需求，真正形成横向到边、纵向到底的精准服务网络。

政策与制度的保障是长效运行的重要基础。推动上级部门制定更加具体、可操作的指导意见和政策文件，确保社会工作与社区治理的统筹规划和长效机制建设。相关法律法规的出台可以明确双方的责任和权利，为社会工作与社区治理互动提供强有力的法律保障，使两者在制度层面得到更有力的支持。

三、多元化资源整合与互动机制保障

在当今社会的复杂背景下，社会工作与社区治理的互动愈加密切，如何有效地整合多元化资源，保障互动机制的顺利运行，成为关键议题。在此过程中，多元化资源的整合不仅涉及物质资源、资金的投入，还包括社会资本、知识资源、技术资源等多种形式资源的合理配置与优化使用。这不仅要求各类资源充分发掘与协同，更要求构建稳定、持续的互动机制，确保资源的有效传输和共同支持，从而促进社会工作的全面展开和社区治理的高效运作。

首先，多元化资源整合的本质是要实现资源的最大价值。这需要从资源供给侧和需求侧两方面着手，打通资源供应与需求之间的通道，提高资源利用效益。在资源供给侧，需要积极推动资源持有主体的多元化，包括政府、企业、非政府组织、社区居民等多个层面，通过政策引导、项目合作、联合行动等方式，鼓励各类主体参与资源供给和共享，实现资源的多渠道、多形式供给。在资源需求侧，需要深入了解社区的实际需求，包括居民的基本生活需求、心理支持需求、医疗健康需求、社会交往需求等，做到精准识别、分类施策，确保资源的精准投放和有效使用，提高资源的覆盖面和受益面。

在多元化资源整合过程中，政府的主导作用不可忽视。政府不仅是资源供给的重要主体，还在政策制定、制度设计等方面发挥着重要作用。政府可以通过出台相关政策法规，鼓励和引导社会资本进入社区，通过财政资金的支持，形成稳定的资源供给渠道；还可以通过搭建平台，促进各类资源的有效对接和协作，形成政府、企业、居民等多方共同参与、各司其职、协同合作的良性互动局面。同时，政府需优化资源配置，健全公共服务体系，确保资源向边远、贫困、弱势群体倾斜，实现社会资源的公平分配和普惠发展。

企业作为社会资源的重要提供者和创新实践的先行者，也在多元化资源整合中扮演着至关重要的角色。企业可以通过捐赠、志愿服务、社会责任项目等方式，参与到社区治理和社会工作中，提供资金支持、技术支持、专业服务等多种形式资源。同时，企业的参与还可以借助自身的管理经验、营销手段、人力资源等，赋能社区治理，推动社区服务的市场化运作，提高服务质量和效率。企业的创新能力、资源整合能力，可以通过与社会组织、政府部门的合作，共同探索新的解决方案和发展模式，拓展社会工作和社区治理的新领域和新途径。

非政府组织、社会团体、社区组织等在多元化资源整合中也起着重要的桥梁作用。他们通常具有较强的社会动员能力，能够灵活调动各种资源，并在基层开展工作，直接服务于社区居民。通过与政府、企业等主体的合作，实现资源互补、优势互补，共同推动社区发展。这些组织可以组织社区活动、开展志愿服务、引导居民参与，促进社区自治，增强居民的归属感和认同感，实现社区资源的有效利用和共享。同时，这些中介组织还可以发挥监督作用，确保资源的使用过程透明、公正，提高资源使用的效率和效果，推动社区的可持续发展。

此外，构建多元化资源整合与互动机制还需要依托信息技术的支持。现代信息技术的发展为资源整合和互动机制的构建提供了强有力的技术支撑。通过大数据、物联网、云计算等技术手段，能够实现资源信息的及时采集、智能分析和高效传输，优化资源配置流程，提高资源整合效率。例如，可以建立社区服务信息平台，将政府的公共服务、企业的商业服务、社会组织的志愿服务等统一纳入平台管理，方便居民查询和使用，提高资源利用的便利性和透明度。同时，通过信息系统的互联互通，可以实现资源的即时对接和动态调整，确保社区资源能够及时满足居民的需求。

在多元化资源整合过程中，资金的保障机制也至关重要。资金是其他资源整合和互动机制运行的基础保障，是实现社会工作和社区治理目标的重要支撑。建立多渠道的资金筹措机制，包括国家财政拨款、地方政府专项资金、企业社会责任基金、公益慈善捐赠等，多方共同筹措资金，形成稳定、持续的资金流。与此同时，建立科学的资金管理和使用机制，确保资金的透明使用和合理分配，提高资金使用的效益和监督水平。还可以探索建立社会工作和社区治理的专项基金，集中管理、滚动使用，为社会工作和社区治理提供长期稳定的资金保障。

四、良性互动机制的评估与调整

评估机制是良性互动机制的基石，通常包括定量与定性两方面的指标体系。定量评估主要涉及诸如社区参与率、居民满意度、活动覆盖率、资源利用效率等客观数据，通过定期统计和监测，客观地反映社会工作与社区治理各个环节的实际运行情况和效果。定性评估侧重于反馈信息的收集与分析，如社区居民和社会工作者的意见、建议与投诉，相关参与者的深度访谈和焦点小组讨论等。这些信息能够揭示互动机制中的隐性问题和潜在矛盾，为后续调整提供有价值的参考。

在评估机制设计时，需要强调不同利益相关方的参与，确保评估结果的全面性与公正性。社区居民、社会工作者、社区管理者等不同主体的观点和感受均是评估的重要组成部分。在数据和信息收集过程中，必须做到细致与精准，以保证评估结果的真实性和有效性。同时，评估机制应体现动态调整的特征，及时反映社区实际情况的变化与发展趋势，避免因信息滞后而造成评估结果的失真。

相对评估机制，调整机制则更加灵活和应变。调整的核心在于根据评估结果，及时发现并解决良性互动机制中的问题与不足，优化资源配置和流程设计。调整机制的一项重要内容是反馈机制，通过建立畅通的信息传递渠道，社会工作者和社区居民可以及时反映实际问题，并且这一信息能够迅速传达到决策层。在反馈机制的支持下，调整措施能够更快速、更准确地实施，减少问题积累和矛盾激化。

为了确保调整措施的科学性和有效性，需要引入专业化的咨询与指导。社会工作与社区治理领域的专业团队和学者，通过深入调研和科学分析，能够提供关于调整机制的具体建议和可操作方案，这不仅提升调整效率，还增强调整措施的精准性和针对性。同时，跨部门协作机制也必不可少，通过加强社区管理部门、社会服务机构、非政府组织等多方协作，形成合力，共同解决互动机制中的复杂问题。

评估与调整机制的实施，还涉及社会工作者的能力建设与培训。持续提升社会工作者的专业素质和实际操作能力，是保证评估与调整机制有效运行的重要保障。社区治理与社会工作互动过程中，社会工作者不仅是执行者，更是评估与调整的参与者，通过定期培训和专业指导，提升其在实践中评估问题、提出建议和执行调整的能力，从而实现整个系统的良性循环与动态优化。

评估与调整机制要关注长效性和可持续性。评估不应只是一时的检查，更应是常态化的机制，还应确保对互动机制持续关注和优化。从长远来看，评估与调整机制不仅要解决现存问题，还应预见未来可能出现的挑战，通过前瞻性评估，提前作出预防性调整，避免问题的扩大和恶化。此外，评估与调整机制也要考虑社区自身的发展潜力和自我管理能力的提升，通过机制建设，激发基层社区的活力，促进其自我完善和自我发展。

良性互动机制的评估与调整，还需嵌入法律和政策的框架内，确保各项措施的合法性和规范化。相关法律法规和政策导向，在很大程度上制定了评估与调整的基本准则和操作规范。遵循这些法律与政策，有助于避免在实际操作中出现违法违规行为，保证评估与调整的各项工作能够在法治轨道上稳步进行。同时，通过对相关法律政策的研究和解读，也可以为评估与调整机制的创新提供理论支持和政策依据。

第六章

共同富裕视角下社会工作与社区治理的未来展望

第一节　当前社会工作与社区治理的瓶颈分析

一、社会工作与社区治理现状剖析

社会工作和社区治理作为现代社会发展的重要组成部分，既有其蓬勃发展的动力，也面临着诸多挑战。现阶段，社会经济的快速变化和社会结构的深刻调整，使得社会工作和社区治理在实践中出现了一系列亟须解决的瓶颈和问题。

首先，社会工作与社区治理的资源匮乏问题依然严重。许多社区缺乏足够的人力、物力和财力资源，导致社区服务质量和覆盖范围不能满足居民日益增长的需求。社会工作者面临工作量大、压力重等问题，而社区治理机构由于资源有限，无法有效组织和实施各种社区活动。例如，不少基层社区工作者反映，日常工作繁重多样化，涉及事务复杂，从老年服务、社会救助到矛盾调解等多方面事务，而现有的工作力量和资源往往捉襟见肘，导致工作效率不高，服务质量不佳。

其次，社会工作与社区治理的专业化水平有待提升。尽管近年来社会工作专业化进程有了一定进展，但仍存在很多不足。很多社区工作者受专业培训的机会有限，缺乏系统性和专业化的知识储备。尤其是在处理复杂的社会问题和应对突发事件时，往往显得力不从心。社区治理需要综合运用社会学、心理学、管理学等多学科知识，但目前很多社区工作者的专业素养难以支撑这些工作的开展，专业化发展滞后在一定程度上限制了社会工作与社区治理的实际效果。

社会工作与社区治理缺乏系统性的工作机制和制度保障也是一大问题。当前，许多地方的社会工作和社区治理工作制度尚不完善，工作机制不够健全，缺乏有效的监督和评估机制。由于工作机制不健全，常常导致工作推行不力、责任划分不清、协调不畅等问题。例如，社区居民的诉求得不到及时回应和解决，各种政策和服务措施在实战中难以落地，加剧了居民对社区治理工作的信任危机。

社会工作者的职业认同和社会地位也面临挑战。社会工作者作为社会治理的中坚力量，他们的角色和贡献未能得到应有的认可。在工作过程中，社会工作者往往要面对从居民到政府部门的多方压力，又要承担多种角色，导致工作倦怠感增加。但在职业认同和社会地位方面，社会工作者的角色依然被低估，他们的职业前景和社会尊重度有待提高。这种状况不仅影响了社会工作者的积极性和职业稳定性，也不利于吸引优秀人才进入这个领域，从而制约了社会工作和社区治理的长远发展。

社区自治能力薄弱的是社会工作与社区治理的另一个亟待解决的问题。尽管国家和地方政府在推动社区自治方面做了大量努力，出台了众多相关政策，但实际操作中，许多社区居民的参与度依然不高，社区议事和自治的有效性较低。一些社区居民认为社区事务与己无关，缺乏参与热情，而部分社区议事机制设计不合理，无法有效调动居民的参与积极性。社区自治能力的薄弱不仅削弱了社区公共事务管理的效果，也在一定程度上削弱了社区凝聚力和居民的归属感。

此外，信息化建设滞后也是当前社会工作与社区治理面临的严峻挑战之一。随着信息技术的快速发展，信息化在社会治理中的作用日益凸显。但在实际中，许多基层社区的信息化建设滞后，信息管理和服务系统不够完善，信息化水平低，导致工作信息不能及时共享和传递，居民的需求和政府的服务间存在信息不对称。例如，现有的信息服务平台在设计和功能上未能充分考虑群体多样性的需求，导致一些老年人、弱势群体无法有效利用信息技术获取所需服务，进一步加剧了社会工作与社区治理的难度。

二、关键瓶颈与挑战

当前社会工作与社区治理面临着一系列关键瓶颈与挑战，制约了其发展与成效。首先，资源配置不足与不均是社会工作与社区治理中的一大瓶颈。在许多地方，资源分配并不均衡，偏远地区和经济欠发达地区的资源明显短缺，导致社区居民无法享受到充分的社会服务。这不仅体现在财务资源方面，还包括人力资源和基础设施的不足。人才短缺尤为严重，基层社会工作者缺乏相应的专业培训和支持，难以有效开展工作。资源分布不均影响了社会服务的覆盖面和质量，导致社区内部的贫富差距进一步拉大，制约了共同富裕目标的实现。资源配置不均往往导致社会工作团队的效能降低，使社区治理难以达到理想效果。

治理体制和机制的滞后性也是另一个关键瓶颈。当前很多地方的治理体制仍然采用传统的行政管理模式，缺乏灵活性与创新性。这种体制往往无法迅速响应社区内部的问题和居民的实际需求，导致治理效果大打折扣。同时，在机制上，很多地方缺乏有效的社区参与和民主机制，居民的需求和意见难以得到充分的表达和重视。这种状况削弱了居民对社区治理的信任和参与热情，制约了社会工作成效的发挥。治理体制和机制上的滞后性也对社会工作者提出了更高的要求，社会工作者需要在复杂的体制环境中寻找平衡，既要实现外部资源的有效利用，又要兼顾基层群众的实际需求。

制度建设滞后与协调不足同样是制约社会工作和社区治理的关键因素。在很多地方，相关的法律法规和政策尚不健全，导致社会工作者在实际操作中缺乏明确的法律指引和保障。例如，在社区救助、社会保障和公益服务等方面，许多具体操作程序和标准尚未制定或不明确，增加了社会工作者行动的难度和不确定性。不同部门之间的协调和合作也存在诸多问题，各自为政的现象普遍存在，资源难以整合，整体效能难以提升。这种制度和协调上的不足，不仅使社会工作者工作压力增大，也使社区治理过程中容易出现盲区和瓶颈，难以形成合力。

居民需求多样化与社会工作供给不足之间的矛盾也是社会工作和社区治理的一大挑战。随着居民生活水平的不断提升，社区居民的需求也逐渐呈现多样化和个性化趋势。这包括老年人、儿童、残疾人、流动人口等不同群体多元化的社会服务需求。然而，现有的社会工作服务项目往往无法充分满足这些需求，社会服务供给显得十分薄弱。一方面是社会工作者的数量和专业水平不够；另一方面是社会服务的内容和形式单一，难以适应现代多元化社会的需求。这种矛盾使得社会工作和社区治理的成效无法全面体现，进一步制约了社会和谐与共同富裕的实现。

信息化和数字化水平的不足也是重要的瓶颈之一。在信息化、智能化、数字化快速发展的背景下，很多社区在社会治理中的科技应用水平仍然较低，传统管理方式占主导地位，信息孤岛现象严重，数据资源难以共享和整合，影响了决策的科学性和精准性。社区居民对数字技术的掌握水平参差不齐，尤其是老年人群体在面对智能化社区治理工具时，往往力不从心，造成便民举措未能充分发挥作用。缺乏信息化手段的支持，导致社会工作和社区治理中的数据分析、风险预测、问题解决等环节效率偏低，难以提供科学依据和有力支持。这种局面显然与智能化社会治理的发展目标背道而驰。

社区文化建设薄弱和社会资本积累不足也不可忽视。社区文化建设的滞后，影响了居民的社区归属感与认同感，使得社区纽带松散，居民参与社区治理的积极性不高，难以形成强大的社区凝聚力和向心力。社会资本的积累不足，也使得社区内的互帮互助机制薄弱，居民间缺乏互信和合作。这不仅削弱了社会工作的基础和支撑，也使社区治理中的一些创新举措难以顺利推行，面临重重阻力。

第二节　未来社会工作与社区治理的发展趋势

一、发展趋势的国内外视角

从国内视角来看，我国作为一个社会主义国家，人民的共同富裕一直是核心价值观之一。在新时代背景下，特别是在国家明确提出"共同富裕"这一目标后，社会工作的定位愈发重要。未来，我国的社会工作在推动社区治理过程中，将更加注重普惠性、均等性和精准性的发展。一方面，政府的政策支持和资源投入将继续增加。包括各级政府对社会工作专业人员的培训和招募、对社会组织的资金和技术支持以及健全的法律法规体系的建设。这种支持不仅有助于壮大社会工作队伍，提高从业人员的专业水平，还有助于在更大范围内覆盖社会工作服务，使其惠及更多的社区和居民。另一方面，社区治理的模式也将在创新与实践中不断优化。中国的社区治理将更加注重居民的参与和基层民主建设。社区居民的参与不仅是形式上的，而且是通过实际的决策机制，使其在社区事务中起到更为实质性作用的。这需要打造一个公开、透明、公正的治理平台，让社区居民能方便地表达意见、参与讨论、提案并监督治理过程。

与国内情况相对比，国际视角能够为中国提供许多有益的经验和借鉴。许多发达国家在社会工作和社区治理领域积累了丰富的实践经验，其中尤以北欧国家的社会民主模式、日本的社区治理经验和美国的居民自治模式为典型代表。以北欧国家为例，他们在社会福利和保障体系上的深入探索，为社会工作提供了坚实的基础。在北欧国家，社会工作专业人士拥有较高的社会地位和专业素养，他们通过科学的方法和严谨的态度，为社区居民提供个性化、全方位的服务。这种模式强调政府和社会组织的深度合作，共同为实现社会的和谐与稳定努力，也值得中国借鉴。

而在日本，社区治理在很大程度上依赖于自治会的作用。自治会是由居民自发组织的基层自治组织，负责社区内的各种事务，从环境保护到邻里纠纷的调解，都由自治会来运作。这种方式强调居民的自治能力和社区精神，通过自治会的作用，增强了居民归属感和责任感，从而有效地管理社区事务。

美国的社区治理则注重居民自主权和多元化治理。这种模式下，各类非政府组织、社会团体和志愿服务组织非常活跃，他们通过不同形式和渠道参与到社区治理中。政府通过立法和政策引导，鼓励这些组织发挥作用。这种多元化的治理模式不仅丰富了社区服务的形式和内容，也增强了居民的自治能力和治理水平。

二、新生代社会工作的角色调整

在共同富裕视角下，未来社会工作与社区治理的发展无疑将面对诸多挑战和机遇。其中，新生代社会工作是引领变革和推动发展的重要力量，其角色必然需要进行深刻而全面的调整，以适应新时代的需求和社会的转型。

新生代社会工作需要具备更强的跨学科能力。传统的社会工作角色主要集中在提供社会援助、心理辅导以及居民关系的调节等方面，而在共同富裕的框架下，社会工作不仅要解决社会问题，还要关注经济、文化、环境等多个维度的问题。这要求新生代社会工作者不仅具备社会学、心理学等基础知识，还需要了解经济学、管理学、生态学等其他领域的基本概念和方法。通过提升跨学科能力，新生代社会工作者可以更全面地分析和解决社区中出现的问题，为居民提供更加多元和精细化的服务。

科技的进步对社会工作角色的调整也提出了新的要求。随着信息技术的发展，大数据、人工智能、区块链等新技术逐渐应用于社会工作和社区治理中。新生代社会工作者需要掌握这些先进技术，利用科技手段提升工作效率和服务质量。例如，通过大数据分析，社会工作者可以更准确地把握社区居民的需求和偏好，制定更有针对性的服务方案。人工智能可以辅助社会工作者进行日常工作，如心理咨询、资源分配和行政管理等，从而使社会工作者能够将更多的时间和精力投入关键问题和复杂案例的处理上。此外，区块链技术在社会救助和慈善捐赠中的应用，可以增加资金使用的透明度和效率，增强公众信任感，这也要求新生代社会工作者具备相关的技术知识和操作技能。

新生代社会工作的角色调整还体现在社区参与和治理能力的提升上。在共同富裕的视角下，社区治理不仅依赖于政府的力量，更需要广泛动员和依靠社区居民的智慧和力量。因此，新生代社会工作应更加注重社区居民的参与，发挥社区居民的主体作用，激发他们的社会责任感和主人翁意识。新生代社会工作可以通过组织社区活动、建立参与平台、提供教育和培训等方式，促进居民间的互助与合作，提升居民的自治能力和社区的凝聚力。同时，新生代社会工作者还应具备良好的沟通能力和协调能力，在居民、政府和社会组织之间扮演桥梁和纽带的角色，构建多元主体共治的社区治理格局。

在推进共同富裕的过程中，新生代社会工作需要更加关注社会公平与正义的实现。共同富裕不仅是经济上的富裕，更是社会各个方面的平等与公正。因此，新生代社会工作者在工作中应更加注重弱势群体的权益保护和机会均等，通过政策倡导、社会动员和法律援助等方式，推动社会资源的公平分配和弱势群体融入社会。例如，通过提供法律咨询和援助，帮助弱势群体解决劳动争议、婚姻家庭纠纷等法律问题；通过开展职业培训和就业指导，提升他们的就业能力和经济自立能力；通过建立社会支持网络，增强他们的社会支持和心理支持。

新生代社会工作应具有国际视野和全球意识。在全球化的背景下，社会问题的复杂性和跨国性日益显著，一些国际性问题如移民、环境保护、公共卫生等，成了社会工作需要面对的新课题。因此，新生代社会工作需要了解国际社会工作的发展趋势和经验，借鉴和学习国外先进的社会工作理论和实践方法，提高国际交流与合作的能力。例如，在社区治理中，新生代社会工作可以借鉴欧美国家在社区营造、社区发展等方面的成功经验，通过引入社区基金、社区合作社等形式，推动社区的可持续发展；在社会救助中，可以借鉴北欧国家的福利国家模式，通过建立完善的社会保障体系，提升社区居民的幸福感和安全感。当然，新生代社会工作在引入和借鉴国外经验的同时，还需要结合本土实际，探索具有中国特色的社会工作实践路径。

新时代背景下的复杂社会矛盾以及居民日益多样化的需求，新生代社会工作者须扮演创新者和变革推动者的角色。为此，他们必须具备创新思维和问题解决能力，敢于打破常规，善于提出新思路、新方法。例如，面对老龄化社会和家庭结构变化，新生代社会工作可探索"互联网+养老"、家庭护理支持网络等创新模式，提升老年人的生活质量和社会参与度；面对社会多样化和文化多元化，新生代社会工作可以推出跨文化社会工作服务，促进不同文化背景居民的理解与包容，在社区形成和谐的多元文化氛围。

三、智慧社区建设

智慧社区建设是未来社会工作与社区治理发展趋势中的重要环节，它以现代信息技术，即物联网、大数据、云计算、人工智能、区块链等技术为基础，旨在提升社区的智能化、信息化管理和服务水平，从而提高居民的生活质量，实现社区治理现代化。在共同富裕视角下，智慧社区的建设不仅是技术的创新，更是一种社会管理和社区服务的创新模式，对推动社会公平正义和缩小城乡差距具有深远意义。

智慧社区的建设首先需要建立一个高效的智能管理平台。这个平台通过物联网技术将社区内的各种物理设备和传感器连接起来，比如智能门禁、智能停车系统、智能垃圾分类设备等，使得社区管理者可以实时监控和管理社区内的各种资源和设施。通过大数据分析，平台可以对社区内的人流、车流、垃圾产生量等进行精确预测和动态管理，从而提高社区资源的利用效率，减少浪费，降低管理成本。同时，智能管理平台还可以为社区居民提供精准的公共服务，比如在线报修、预约服务等，提升居民满意度。

在社会工作方面，智慧社区提供了更多元、更便捷的服务途径。社会工作者可以通过智能终端设备和移动应用，与社区居民保持实时沟通和互动。通过大数据分析，社会工作者可以更准确地了解居民的需求和困难，提供个性化的服务和支持。例如，通过健康监测设备，及时掌握老年人的健康状况，为他们提供专业的医疗咨询和紧急援助；通过心理状态检测系统，及时发现和干预居民的心理健康问题；通过教育和就业信息服务平台，为失业和待职居民提供就业指导和培训服务，从而增强社区居民的幸福感和安全感。

智慧社区还可以大大提高社区居民的参与感和归属感。这主要体现在社区信息的透明化和社区事务的民主参与上。智慧社区建设中通常会引入社区信息发布系统和意见征集平台，居民可以通过这些平台了解社区的各项事务和决策过程，并参与到社区的治理中来。这种透明化和参与式的管理模式，不仅增强了居民对社区的认同感，还能充分发挥居民在社区治理中的主体作用，形成共建共治共享的良好局面。

在社区安全管理方面，智慧社区也展现出显著的优势。通过智能监控系统，可以实现社区全天候、多方位的安全监控，及时发现和处理各类安全隐患和突发事件。例如，通过智能摄像头和人脸识别技术，可以对社区内的可疑人员进行实时监控和识别，提高治安防控能力；通过智能消防设备和物联网技术，可以实现对火灾等意外灾害的实时监测和预警，迅速采取应急措施，减少生命财产损失。此外，智慧社区还可以利用大数据和人工智能技术，建立居民的个人信用档案，对违反社区管理规定的不文明行为进行信用惩戒，促进文明和谐的社区环境的形成。

智慧社区的建设离不开政策的支持和保障。政府在推动智慧社区发展过程中，应制定完善的政策法规，提供财政支持和技术指导，加大对智慧社区建设的投入。同时，要加强对相关从业人员的专业培训，提升他们的技术水平和服务能力，确保智慧社区信息安全和居民隐私保护。此外，要引导企业、社会组织、居民等多方主体积极参与，形成各方资源共享、优势互补、协同创新的良好局面，共同推动智慧社区建设的可持续发展。

在共同富裕视角下，智慧社区的建设不仅是技术的进步，更是社会治理理念和模式的变革。通过智慧社区的建设，可以有效缩小城乡数字鸿沟，提升基层治理能力和服务水平，实现居民生活质量的均衡提升，推动共同富裕目标的实现。因此，未来社会工作与社区治理的发展，应积极探索和推广智慧社区建设，充分利用现代信息技术，构建智能、高效、便捷的社区管理和服务体系，切实提高居民的幸福感和获得感。

第三节 社会工作与社区治理的深度融合与协同发展

一、多元主体合作机制

多元主体合作机制是社会工作与社区治理深度融合与协同发展的关键，反映了在共同富裕视角下，如何利用不同社会资源和力量，共同推动社会工作和社区治理的进步。多元主体的合作机制涉及政府、社会组织、企业、社区居民等不同角色和主体，通过多方协作，实现资源整合与共享，提升社区治理效果。

在多元主体合作机制中，政府作为社会治理的主体，承担着宏观调控和政策制定的责任。政府通过制定相关法律法规和政策文件，为社会工作和社区治理提供制度保障。同时，政府可以通过财政支持和资源配置，推动社会组织和企业参与社区治理。具体而言，政府可以设立专项基金，资助社会工作项目，推动社区公共服务建设。政府应探索"放管服"改革，在进一步明确各级政府在社区治理中的职责分工的同时，加强对社会组织的监管和指导，确保多元主体合作机制的高效运行。

社会组织作为社会工作的重要力量，在多元主体合作机制中发挥着桥梁和纽带的作用。社会组织可以利用其灵活性和专业知识，提升社区服务的质量和效率。社会组织应积极参与社区治理，发挥其在社会服务、志愿服务、社区动员等方面的优势。例如，社会组织可以开展心理咨询、就业指导、法律援助等专业服务，满足社区居民的多样化需求。同时，社会组织可以通过组织社区活动，促进社区居民的互动和交流，增强社区凝聚力。社会组织还应注重提升自身的专业能力和管理水平，通过培训和交流，不断提高服务质量，增强社会信任。

企业作为社会的一部分，不仅是经济发展的主要推动力，也是社会工作和社区治理的重要参与者。企业在多元主体合作机制中，可以发挥其资源优势和社会责任，为社区治理贡献力量。企业可以通过捐款、捐物，支持社会工作项目，为社区提供公共服务设施。此外，企业还可以通过志愿者活动，积极参与社区服务，增强员工的社会责任感和归属感。企业应将社会责任融入企业文化，制定完善的社会责任战略和计划，长期支持社区治理和社会工作。

社区居民是社区治理的直接参与者和受益者，他们的积极参与对于社区治理的成功至关重要。在多元主体合作机制中，社区居民应发挥主人翁精神，积极参与社区事务和社会工作。社区居民可以通过参与社区自治组织，如居民委员会、志愿者服务队等，表达意见和建议，参与社区决策。同时，社区居民应增强合作意识，与政府、社会组织和企业共同解决社区问题，提升社区生活质量。社区居民可以通过社区教育、文化活动等方式，提高自身的素质和能力，增强社区的凝聚力和向心力。

多元主体合作机制的有效运行需要建立多层次的沟通协调机制。各主体应定期召开联席会议，交流信息、分享经验、协调行动、解决问题。尤其是在重大事项和突发事件的应对中，各主体应通力合作，形成合力，确保社区的和谐稳定。多元主体应建立信息共享平台，利用信息化手段，实现资源的互通共享，提升合作效率。比如建立社区服务信息平台，整合各方资源，发布服务信息，便于居民查询和获取社会服务。

多元主体合作机制还应注重评价和反馈机制的建立，通过科学的评估方法和指标体系，定期对合作机制的运行效益进行评估。各主体应对评估结果进行分析总结，及时调整策略和行动，持续优化合作机制。同时，要重视居民满意度和需求的反馈，通过问卷调查、座谈会等多种方式，倾听社区居民的意见和建议，及时改进服务，提升社区居民的获得感和幸福感。

培养和激励多元主体的合作意识和能力是多元主体合作机制的长效保障。各主体应加强培训和学习，提升专业能力和管理水平。政府和社会组织可以通过开展培训班、组织交流会和学习考察等方式，不断提升从业人员的专业素质和合作意识。应建立激励机制，表彰和奖励在多元主体合作中表现突出的个人和组织，激发各主体的积极性和主动性。尤其是对在一线工作的社会工作者和社区志愿者，应给予更多的关注和激励，提升他们的职业认同感和归属感。

二、社区参与的深度融合

社区参与的深度融合，是社会工作与社区治理中的关键环节。其核心在于激发社区居民的主动性和积极性，使他们充分参与到社区事务中来，从而共同推动社区的良好发展。深度融合不仅是使社区成员表面上参与一些活动，而且要全面渗透到社区的各个方面，形成多层次、高质量的参与机制。

在社区参与过程中，首先需要构建完善的参与机制和平台。这包括建立方便快捷的信息沟通渠道，确保社区居民能够及时了解社区事务，表达自己的意见和建议。现代科技的发展，为社区参与提供了更多可能性。通过社交媒体、社区App等数字平台，可以实现社区事务的在线征集意见、在线讨论、在线投票等功能，大大提升了居民参与的便捷性和效率。

社区组织作为连接政府和居民的中介，在社区参与中起到了至关重要的作用。社区居委会、业主委员会、居民议事会等组织，应当加强自身建设，提高透明度和公信力，积极组织和引导居民参与社区事务。同时，要加大对社区骨干、志愿者的培训，为他们提供必要的资源和支持，形成一支能够有效服务社区的骨干力量。他们不仅是社区事务的参与者，更是社区发展的推动者。

为了确保社区参与的深度和广度，社区治理需要注重居民的多样性和个体需求。不同年龄、职业、文化背景的居民对社区事务有着不同的关注点和需求。因此，社区治理需要允分考虑这些差异，制定包容性强的参与策略，使每一个居民都能找到自己的参与方式。例如，可以针对不同群体组织多样化的活动，让老年人和小孩均有其专属的娱乐和学习空间，青年人有可以施展才华和兴趣的舞台，同时要增强各群体之间的互动，促进社区凝聚力的提升。

深度融合的社区参与，还需要建立有效的激励机制。通过物质奖励和精神鼓励相结合的方式，提升居民参与的积极性。物质奖励可以是一定的经济补助、实用的生活物品等；精神鼓励则包括表彰优秀志愿者、举办经验交流会等形式。社区可以通过评选年度优秀志愿者、优秀社区治理案例等活动，树立榜样，形成人人争做社区好居民的良好氛围。

除了激励机制，反馈机制也同样重要。居民的参与热情需要得到尊重和回应，否则容易产生挫败感和失落感，影响持续参与的积极性。因此，社区治理必须重视居民的意见和建议，建立完善的反馈和整改机制。对于居民提出的合理意见，要及时采纳并反馈处理结果；对于居民关心的热点问题，要及时沟通，说明进展情况，做到事事有回应，件件有落实。这样一来，居民会感觉自己的意见得到了重视，从而进一步增强参与社区治理的意愿和信心。

社区文化建设也是社区参与深度融合的重要方面。通过丰富的社区文化活动，可以增强居民的认同感和归属感，促进邻里之间的交流和互助。传统节日庆祝、社区文艺演出、体育比赛等活动，不仅活跃了社区文化氛围，也为居民提供了一个相互认识、交流的平台。此外，还可以引入社区的历史文化、名人逸事、民俗风情等内容，让居民在参与中了解社区，形成共同的文化记忆。

社区参与的深度融合，还需要政府和社会各界的支持。政府相关部门应当积极制定政策，提供资金和资源支持，建立起政府引导、社会支持、居民自主管理的多元共治格局。企业、非政府组织等社会力量也应当积极参与社区建设，提供智力支持和资源投入，共同推动社区的健康发展。

教育是提升社区参与质量的基础。社区教育应当涵盖各个年龄段和不同需求，培养居民的社会责任感和参与意识。通过讲座、培训、体验等多种形式，向居民普及社区治理知识和技能，提升他们的参与能力。尤其是要重视青少年的教育，引导他们从小树立主人翁意识，积极投身社区事务，为社区未来的发展注入新的动力。

在推进社区参与深度融合的过程中，应当保持开放的心态，吸收借鉴国内外先进经验。不同国家和地区在社区治理方面有各自的特色和亮点，通过交流学习，可以找到适合本社区的治理方式。要立足本土、结合实际，创新思维，形成具有自身特色的社区参与模式。

三、跨部门协同模式

跨部门协同模式是实现共同富裕视角下社会工作和社区治理创新的重要路径。这种模式要求从信息共享、目标一致、政策协调、组织机制、财务资源、评估反馈、人才培养、案例管理和社区参与等多个方面全面推进，才能实现资源的有效整合和服务的优化。通过各部门的深度融合和协同发展，可以更好地应对社会治理的复杂性和多样性，推动社会的全面发展，实现共同富裕的美好愿景。

在这种模式下，社会工作与社区治理将从多个不同的职能部门之间展开密切合作，不再是单一部门单打独斗的局面。这种合作需要各部门之间建立起平等互助的关系，共同协调和解决社区问题。通过建立部门之间的协同机制，可以避免资源的重复浪费和服务的漏洞，进而增强社区综合治理能力。

跨部门协同模式的一个核心要素是信息共享。各个政府部门、社会组织和社区机构需要建立有效的信息交流平台，以实现信息的便捷、及时、准确传播。现代信息技术，如大数据、云计算和人工智能，可以为信息共享提供技术支持，使得各个部门能够实时了解社区的动态和居民的需求，在一定程度上预防和减少问题的发生。

除了信息共享，跨部门协同模式还需要有共同的目标和愿景。通过共同的目标，各部门可以集中资源和力量形成合力。这一目标的设定需要从社区和居民的实际需求出发，确保目标的科学性和可操作性。通过目标引领，可以增强各部门的工作积极性和主动性，推动工作进展。

政策协调是跨部门协同模式的另一个重要方面。各部门在政策制定和实施过程中需要相互协同，避免政策冲突，形成政策合力。一个典型的例子是住房保障、就业支持和教育资源的协调整合。在实际操作中，可能涉及住房管理部门、人力资源社会保障部门和教育部门的共同参与和协调，这样才能实现综合治理，提升社区居民的生活质量。

跨部门协同模式还需要有健全的组织架构和工作机制。明确各部门的职能边界和责任划分，建立起定期会商、联合办公、信息通报等工作机制，是实现跨部门协同的重要保障。通过这些机制，各部门能够在各自的职能范围内发挥最大的效用，同时又能在协同中互补，实现整体效能的最大化。

财务资源的统筹也是跨部门协同模式的重要内容。财务资源的整合和合理分配，能够提高资源使用效率，确保各项社会工作和社区治理任务顺利进行。各部门需要根据实际需求，共同商定资金使用方案，合理分配财政预算，确保每一笔资金都用在刀刃上，真正为社区和居民服务。

跨部门协同模式还需要注重评估和反馈机制。建立健全评估机制，对各部门的合作效果进行及时评估，发现问题，及时调整。评估机制应包括过程评估和结果评估两个方面，既要评估各部门在合作过程中是否规范、有效，又要评估跨部门协同模式的具体效果，衡量社区居民是否受益，社会问题是否有效解决。

在跨部门协同模式中，人才的培养和使用也尤为关键。各部门需要加强对干部和工作人员的协同意识和协同能力培训，使其具备跨部门合作的基本素养和能力。通过不断提升人员的综合素质和专业能力，为跨部门协同模式的高效开展提供坚实的人才保障。

具体操作层面，案例管理是实现跨部门协同的重要方法。在实际工作中，可能面临复杂居民个案需要多部门共同介入和解决。通过案例管理，整合相关部门资源，协调解决居民的具体问题，使其能够享受更为完善的服务和帮助。案例管理的关键在于能够有效调动各方资源，形成工作合力，为居民提供一站式综合服务。

一个成功的跨部门协同模式还需要社区的广泛参与和支持。社区居民、志愿者、社会组织等多方力量的参与，能够为跨部门协同注入新的活力，增加社会工作的广泛性和深入性，使得社会工作和社区治理更加符合居民的实际需求。通过搭建社区参与平台，鼓励居民参与社区治理，充分发挥他们的主体作用，可以进一步增强跨部门协同的效果。

四、资源共享与整合

从共同富裕的视角出发，资源的共享与整合不仅是资源的物质化配置，还包括社会资本、信息资源以及人力资源的多维整合。对这一策略的深度理解和实践，不仅有助于提升社区治理的整体水平，还能够有效促进社会工作的全面展开，进而推动共同富裕目标的实现。

在资源共享的过程中，首先需要明晰资源的多样性和不同类别。包括物质资源如资金、设施、设备等；同时也包括非物质资源如信息、知识、技能等。对于物质资源的共享，可以通过建立资源共享平台，实现资源的透明化和高效分配。例如，社区内的公共资源如社区活动中心、图书馆、健身设施等可以在不同的社会组织和机构之间进行共享，降低重复建设的成本，提高利用率。此外，非物质资源的共享则更加关乎信息的流通和知识的传播，通过信息共享平台，社区居民和社会工作者可以更加便捷地获取所需的信息和服务资源，从而提高社会服务的效能。

就资源整合而言，不仅要求物质资源和信息资源的综合利用，更需要不同组织之间的合作与协调。社区治理和社会工作中的各类社会组织和机构，往往各有其特定的服务对象和领域，通过横向和纵向的整合，可以有效地实现资源的优势互补、共同发展。例如，政府、非政府组织（NGO）、企业和学术机构可以通过建立合作伙伴关系，共同规划和实施社会服务项目，从而提供更加多元化和高质量的服务。在此过程中，应特别强调公众参与的重要性，鼓励社区居民积极参与到资源共享与整合的过程中来，以确保服务需求和资源配置的精准对接。

从制度层面来看，资源共享与整合的推进需要完善的法律法规和政策支持。政策的制定应该充分考虑社区实际情况和居民的现实需求，通过建立健全资源管理和监督机制，确保资源在共享与整合过程中的公平性和透明度。例如，可以通过设立社区基金，支持共享项目的开展，并通过公开招标、定期审计等手段，确保资金的规范使用。此外，完善的政策保障还需要关注资源配置的持续性和可持续性，通过长期规划和动态调整，确保资源能长期、高效地服务于社区居民的需要。

从技术手段的角度来说，信息技术的进步为资源共享与整合提供了有力支持。现代互联网技术和智能化系统的应用，可以显著提升资源共享平台的效率和使用便捷度。例如，开发和利用社区服务App，可以实现居民与社会服务资源的无缝对接，为居民提供更加个性化、精准化的服务。在平台建设的同时，还需要加强数据的采集和分析，通过大数据技术，精确掌握社区居民的需求变化和资源利用情况，从而为资源的调配和整合提供科学依据。

资源共享与整合的实践还涉及对社会工作者及相关人员的培训和培养。高素质的专业队伍是实现资源高效整合和共享的关键基础。通过定期组织专业培训、经验交流、跨部门协作等方式，不仅能提升社会工作者的专业素养和服务能力，还能促进不同组织和机构之间的互信与合作，为资源共享与整合的顺利推进提供人才保障。

在资源共享和整合的过程中，资源配置的公平原则应当被予以高度重视。在追求效率的同时，应充分关注弱势群体的需求，确保资源分配的公平性。通过建立针对特定群体的专项支持机制，确保在资源整合过程中，所有群体尤其是边缘群体都能受益，避免资源分配中的不公和新的社会不平等现象的产生。

此外，应始终秉持开放、包容、合作的理念，积极探索多元路径，创新共享和整合方式。例如，通过社区公益基金、社企合作、众筹公益项目等多种形式，拓展资源整合的渠道和方式，激发社会各界的积极性和创造性，共同推动资源共享与整合的不断深化和发展。

第四节　社会工作与社区治理中的可持续性与绿色发展

一、绿色发展的基础

绿色发展的基础可以从多层面、多角度进行探讨，包括生态环境保护、资源节约利用、可再生能源推广、绿色技术应用以及普及绿色理念等方面。这些方面共同构成了绿色发展的底层逻辑和具体实践路径。

生态环境保护是绿色发展的基石。生态环境保护需要从多方面入手，其中一个关键环节是治理环境污染。水污染、大气污染、土壤污染等问题严重威胁着人类的健康和生态系统的稳定。社区治理过程中，必须制定和实施严格的环境保护法规，加强环境监察和执法，提高社区居民的环境保护意识，推动公众广泛参与环境治理。此外，还应对生态环境进行科学监测和评估，采用生态修复技术，保护和恢复被破坏的生态系统，实现人与自然的和谐共生。

资源节约利用同样是绿色发展的重要方面。石油、天然气、煤炭等传统能源的过度使用不仅导致资源枯竭问题，还加剧了环境污染和温室气体的排放。因此，资源的节约利用尤为重要。倡导节能减排，推行低碳生活是绿色发展的重要内容。社会工作和社区治理需要从公共基础设施建设、社区规划、生活方式等方面入手，推行节能环保技术和措施。例如，通过推广智能电网、节能建筑、绿色交通等，实现能源的高效利用和节约。社区活动中可以组织节水节电宣传、废物回收再利用项目，使居民在日常生活中形成节约资源的习惯。此外，还应提倡绿色消费，减少不必要的资源浪费，从而促进社会的可持续发展。

绿色发展的基础还包括可再生能源推广。风能、太阳能、生物质能、水能等可再生能源，不仅能够有效替代化石能源，减少环境污染和温室气体排放，还具有可再生和可持续的特点，是未来能源发展的重要方向。而在实际操作中，需要大力发展可再生能源产业，通过技术创新和规模化生产降低成本，提高利用效率。同时，社会工作和社区治理应通过政策引导和社会动员，推动可再生能源设施的建设和使用，例如在社区推广太阳能热水器、太阳能发电系统、风能发电设备等，让居民能够享受到可再生能源带来的实惠和便利。

绿色技术应用是实现绿色发展的有力工具。这些技术不仅可以解决资源和环境的问题，还可以带来新的经济增长点和就业机会。例如，绿色建筑技术可以显著降低建筑的能源消耗和环境影响，通过优化设计、采用新材料、利用可再生能源等途径，实现建筑的绿色化和智能化。城市污水处理和固体废物处理技术，可以有效减少污染物排放，实现资源的再利用。此外，信息技术的广泛应用，也可以促进绿色发展，例如通过建设智慧城市，实现对能源、交通、环境的精细化管理和控制，提高资源利用效率和居民生活质量。在社区治理过程中应大力推广和应用这些绿色技术，通过科技赋能推动绿色发展。

普及绿色理念是绿色发展的重要基础。只有把绿色发展的理念深入人心，变成社会大众的自觉行动，才能真正实现绿色发展目标。为了做到这一点，需要多渠道、多形式地开展绿色教育和宣传活动，提高居民的环保意识和绿色发展理念。例如，通过学校教育、社区活动、媒体宣传等途径，向居民宣传环保知识和绿色生活方式，培养他们的环保意识和绿色行为习惯。鼓励居民参与社区的环保活动，成为绿色发展中的积极实践者。通过制度设计和激励机制，引导居民选择绿色产品、参与绿色项目，让绿色发展理念成为社会的共识和自觉行动。

综上所述，生态环境保护、资源节约利用、可再生能源推广、绿色技术应用以及普及绿色理念是绿色发展的五大基础。这五个方面相互联系、相互作用，共同构成了绿色发展的支撑体系。推动绿色发展，需要从这五个方面入手，制定科学合理的政策和措施，充分调动社会各界的积极性和创造性，共同推进绿色发展，实现经济社会的可持续发展。

二、可持续发展实践案例

在某个位于东部沿海城市的社区中，当地社区治理团队和社会工作者积极开展了"零垃圾社区"项目。这个项目的核心目标在于减少垃圾产生量，实现资源最大化利用。其中，社区治理团队不仅通过政策引导居民分类回收垃圾，还组织志愿者、社会工作者开展广泛的社区教育活动。通过知识的普及和意识的提升，居民们逐渐掌握了垃圾分类的方法和意义。此外，小区内部设置了简易的厨余垃圾堆肥系统，居民将厨余垃圾自行投放在指定点，由社区统一管理和堆肥。这一实践不仅有效减少了垃圾填埋对环境的影响，还将堆肥的有机肥料用于社区绿化，真正实现循环利用。整个项目过程不仅挑战了社区原本的垃圾处理观念，还提升了居民的环保意识，最终实现了环境保护和社区融合发展的双重目标。

另一个实例是老旧社区的节能改造项目。这个项目由市政府和非营利组织合作实施，旨在通过技术手段提升社区能效，减少碳排放。在实践中，项目组在社区内广泛进行了能效评估，找出了能耗最大的几项，例如老旧空调、照明设备和供暖系统等。随后，以免费或者补贴的方式向居民推广节能设备，例如更环保的LED照明、节能空调和智能温控系统。同时，社区还建设了太阳能光伏发电系统，不仅能够为公共设施提供清洁电力，还将多余的电力回馈给电网，进一步减少了市政供电的压力。项目的实施不仅大幅降低了居民的电费开支，更在一定程度上削减了二氧化碳的排放，有力推动了社区绿色发展。

在乡村地区的某个案例中，当地社会工作团队和社区治理者合作，启动了"绿色农场"项目。该项目旨在通过有机农业和生态养殖，提升农村社区的经济效益和环保水平。当地农民在项目团队的指导下，逐渐放弃了高污染、高投入的化学农业方式，转向有机农业和可持续的生态种养模式。项目团队不仅提供了技术支持，还搭建了农产品的销售平台，帮助农民将有机产品直接销售给城市消费者，从而提高了农民的收益，并且有效削减了农产品在运输和推广过程中的碳足迹。通过一系列的培训和实践，农民们掌握了有机种植、生态养殖和循环农业等可持续农业技术，不仅保护了生态环境，还形成了农业生产、生活和生态相结合的新模式，实现了经济效益和环境保护的双赢。

城市社区中的绿色微型交通项目也是可持续发展的一个典型案例。某市的中心城区，为了缓解交通拥堵和空气污染问题，社区合作社会工作团队一起推行了以共享单车和电动车为主的绿色交通工具。社区设置了便捷的共享单车和电动车租赁点，而居民在通过一套智能系统便能轻松借还交通工具。为了鼓励更多人选择绿色交通方式，社区还为使用这些交通工具的居民提供相应的补贴和奖励积分，这些积分可以兑换社区文化活动的门票等福利。通过这样的方式，不仅显著减少了私人机动车的使用和尾气排放，还营造了绿色健康的生活方式氛围，提升了居民的生活质量和环境舒适度。

在教育领域的可持续发展案例中，一个中小城市的社区教育中心联合社会工作团队开展了"绿色课堂"活动。这一项目的目的是通过教育和实践，培养下一代的环境保护意识和实践能力。项目中，教育中心通过在日常课程中融入环保知识，把生态保护、垃圾分类、能源节约等内容融入了学生的日常学习中。同时，他们还组织学生开展各种环保实践活动，如植树造林、社区清洁和资源回收等，通过亲身体验，让学生们理解和重视环保的重要性。"绿色课堂"活动不仅提升了学生们的环保意识，也影响了他们的家庭，形成了社区整体的环保文化氛围，推动了整个社区的可持续发展。

技术驱动型项目在可持续发展实践中的应用也十分广泛。某科技园区通过引入智能管理系统，推动了社区的可持续发展。这个项目中，科技园区安装了智能监控设备和数据管理系统，通过实时监测和智能分析，实现了对水资源、电力、垃圾处理等多个方面的优化管理。例如，通过智能水管理系统，不仅减少了漏损，还通过数据分析实现了用水高峰的错峰用水管理。同时，智能电力管理系统也能够检测并调整能源使用，提高了能效，降低了不必要的能源浪费。通过这些技术手段，科技园区实现了绿色、高效和可持续的发展模式，为其他社区提供了可参考的范例。

以上这些案例，不仅涉及了城市、农村、科技、教育等各个领域，还展示了多种途径和方法的可持续实践和创新。在共同富裕视角下，这些实践不仅有助于实现社会公平和环境保护，还通过教育、技术、政策等多方面的协作，推动了社会工作与社区治理的深度融合。

三、环保理念在社区治理中的运用

随着全球气候变暖和环境污染问题的日益加剧，环保理念在社区治理中发挥的作用越来越重要。社区作为居民日常生活的基本场所，是落实环保理念的重要舞台。社区治理不仅涉及资源的节约与高效利用，还关系到居民的生态意识和环保责任感。社区中的每一个层面都可以成为环保理念实践的阵地，从基础设施建设到环保宣传教育，再到居民日常习惯的养成，都离不开环保理念的渗透和实施。

在社区基础设施建设中，环保理念的运用至关重要。例如，绿色建筑的推广和应用已经成为很多城市社区建设的重要内容，通过采用环保材料、节能技术和可再生能源等措施，可以有效降低建筑的环境负担。雨水收集系统、太阳能供电、垃圾分类回收系统等都是建筑层面上环保理念运用的具体体现。这不仅减少了社区整体的能源消耗和废弃物排放，还能显著改善居民的生活环境，从而增强居民的环保意识。

环保理念在社区公共服务和设施中的运用也十分重要。社区绿化是环保的重要组成部分，通过增加绿地面积，种植多样化的植物，不仅提高了社区的美观度，还发挥了生态系统的功能。例如，通过植物的光合作用，可以减少二氧化碳浓度，增加氧气含量，从而改善空气质量。城市农业与园艺也是有效的手段，通过居民自己种植蔬菜水果，不仅能实现食物自给，减少长途运输对环境的影响，还能让居民更加贴近自然，增强对大自然的感知和尊重。

环保理念在社区文化建设中同样不可忽视。环保宣传教育是提高居民环保意识的重要手段。社区可以通过组织环保讲座、环保知识竞赛和环保主题活动等形式，向居民普及环保知识，增强环保意识。社区中的志愿者团队可以发挥重要作用，通过组织环保行动，如清洁河道、植树造林、废物回收等实际行动，使居民切身体会到环保的重要性，这种亲身参与的体验式教育效果往往更为显著。

在社区日常管理中，环保理念的践行需要具体到每一个细节。垃圾分类是社区环保管理的基本内容。通过推行垃圾分类，可以有效提高资源回收利用率，减少垃圾填埋和焚烧带来的环境污染。社区要设置规范的分类垃圾桶，明确分类标准，并定期开展宣传教育，确保居民能够准确分类。社区工作人员需要定期检查垃圾分类情况，及时纠正不规范的行为，确保垃圾分类政策真正落地。同时，可以通过积分奖励机制，鼓励居民参与垃圾分类，激发大家的积极性。

节能降耗也是社区环保管理的重要内容。通过推广节能家电、节水器具和LED灯具等技术手段，可以有效降低居民日常生活中的能源消耗。社区可以定期开展节能宣传活动，通过展示节能产品、讲解节能知识，帮助居民了解和掌握节能技巧。社区还可以建立能源消耗监测系统，通过数据分析，发现问题并及时整改，提高能源利用效率。

环保理念在社区治理中的运用不仅是技术手段的综合应用，更是以人为本的综合管理。社区治理中要注重居民的生态意识培养，让居民从内心深处接受和认可环保理念，并自觉地将其付诸实践。例如，通过环保文化的渗透，形成绿色生活方式，倡导简约适度、绿色低碳的生活理念。社区可以定期组织绿色生活分享会，让居民互相交流环保经验和心得，激发大家共同参与环保的热情。

环保理念在社区治理中的运用，还需要政策支持和制度保障。政府要制定和完善相关政策法规，鼓励和支持社区在环保领域的创新实践。例如，通过提供财政补贴、税收优惠等措施，支持社区开展绿色建筑、节能改造和垃圾分类等工作。政府还可以通过制定社区环保评估标准，对社区的环保工作进行评价和监督，确保环保政策的有效落实。此外，多方协同合作是推动环保理念在社区治理中落地的重要保障。政府、企业、社会组织和居民要共同参与、密切配合，形成合力，共同推进社区环保工作的开展。例如，政府可以通过引导和规范，引入社会资本参与社区环保项目的建设和运营，如垃圾处理、绿化养护等，提高环保工作的专业化和效率化水平。

环保理念在社区治理中的运用不仅是一种技术手段，更是一种文化理念的传递和教育。通过将环保理念深植于社区治理的每一个环节，鼓励居民自觉参与和维护，共同营造一个绿色、低碳、可持续发展的社区环境，不仅提高了社区的居住质量，还为实现可持续发展打下了坚实的基础。

第五节　共同富裕目标下社会工作与社区治理的新机遇

一、新时代社会工作的机遇

在新时代背景下，随着我国共同富裕目标的推进，社会工作与社区治理迎来了前所未有的新机遇。这一目标不仅是经济上的共同富裕，更是社会公平、基本服务均等化和民生福祉全面提升的体现。新时代社会工作也因此得以在广阔的空间中发挥其专业特长，开辟出全新的发展路径与实践领域。

首先，新科技的广泛应用为社会工作提供了更高效的工具与技术支持。在大数据、人工智能、物联网等先进技术的推动下，社会工作者可以更精准地识别和评估社区中存在的各类问题和需求。通过数据分析与智能化管理，社会工作者能够迅速获取信息，制定出更加科学、精准的介入措施。同时，线上平台和移动应用程序的普及，也让社会工作服务更加便捷、普及。这些技术手段不仅提升了社会工作者的工作效率，还拓宽了社会工作的服务半径，为城乡社区，特别是偏远地区的居民提供了难得的服务机会。

其次，新时代社会治理创新理念的引入，为社会工作带来了制度与机制上的新契机。随着国家治理体系和治理能力现代化的推进，"以人民为中心"的发展思想成为社会治理的重要指导原则，这一理念与社会工作的核心价值高度契合。政府在社会治理中更加注重社会组织的作用，积极推动公民参与。这为社会工作者在政府、企业与公众之间搭建了沟通桥梁，促进了多方合作，形成了共建共治共享的治理新格局。在这种多元主体的合作模式下，社会工作者能够发挥其专业优势，参与、引导和服务基层治理事务，更加有效地维护社会稳定和促进社会和谐。

再次，社会工作的专业化和职业化水平在新时代得到了显著提升。在共同富裕目标的引领下，国家和地方各级政府对社会工作职业体系建设给予了前所未有的重视，出台了一系列鼓励和保障政策。社会工作者的职业地位和薪酬待遇逐步提升，其职业培训和教育也得到了大力发展。通过规范化的培训，社会工作者的专业素养、服务水平和实践能力得到了系统的提升。他们不仅是服务提供者，更是社会问题的研究者和政策倡导者。这种专业化的提升，有力地促进了社会工作在现代社区治理中的深入参与和长远发展。

从次，新时代的社会结构和价值观念的变化，也为社会工作带来了新的挑战和机遇。在现代化进程中，家庭结构发生了深刻的变化，独居老人、留守儿童、流动人口等群体不断增多，社会问题更加多元和复杂。这要求社会工作者不仅要具备专业知识和技能，还要具有敏锐的社会洞察力和创新意识，能够迅速响应社会需求，灵活应对各种挑战。同时，随着社会公众对幸福感和获得感要求的提升，社会工作也从单一的救助模式向多元化、个性化的服务模式转变。社会工作者需要在心理辅导、就业服务、文化教育、社区营造等多方面提供专业支持，满足居民多样化和层次化的需求。

最后，政策环境的优化也为新时代社会工作提供了广阔的发展空间。国家在推进共同富裕过程中，强调加强基层服务体系建设，提升公共服务水平。这一政策导向进一步明确了社会工作在社区治理中的重要作用。政府加大了对社会工作项目的资金支持和资源投入力度，鼓励社区社会组织的发展，推动社会工作者深入基层一线，为社区居民提供价格合理、便捷可靠的服务。特别是在社会福利制度、社会救助体制、社区基础设施建设等方面的大力投入，创造了良好的政策环境，社会工作者能够在这些政策的推动下，更加充分地发挥其作用。

二、社区治理的潜在机遇

社区治理在共同富裕目标下具备多样而重要的潜在机遇，通过一系列制度创新、资源整合和技术应用，可以显著提升社会工作和社区治理效率，实现更高水平的社会公平和共同富裕目标。首先，技术进步与信息化的发展为社区治理带来了重要机遇。随着大数据、云计算、人工智能等先进技术的广泛应用，社区治理可以更加精准和高效。例如，通过智慧社区系统，社区管理人员可以及时获取和处理居民的各类需求和建议，提升服务响应速度和质量。同时，这些技术手段还能够实现社区安全的智能监控、环境的实时检测、资源的合理配置，为社区居民提供更加便利和安全的生活环境。

除了技术层面的机遇，社区资源整合与共享机制的优化同样为共同富裕目标下的社会工作和社区治理提供了新路径。在现代社会，社区资源不仅限于财政资金，还包括人力资源、物质资源、信息资源等多种形式。通过建立社区公益平台，引入志愿者服务，鼓励社会组织和企业参与社区治理，可以有效整合和共享各类资源，提升社区整体福利水平。例如，社区可以通过设立共享图书馆、社区菜园等公益项目，丰富居民的精神文化生活，促进社区成员之间的交流和互助，从而构建一个更加和谐美好的社区环境。

社区参与机制的优化和公民意识的提高也是实现共同富裕目标的重要途径。社区居民是社区治理的直接参与者和受益者，积极动员居民参与，可以显著提升社区治理的效果和质量。通过完善社区议事制度，建立居民参与决策的机制，增强居民的参与感和责任感，可以更好地反映居民的需求和意见，提升社区治理的民主化水平。同时，加大对居民的社区教育，普及法律知识和社会技能，提高居民的社会责任感和参与意识，有助于培养一支积极参与社区事务、推动社区发展的骨干力量。

政策支持和制度创新也为共同富裕目标下的社会工作和社区治理提供了重要保障。政府在社区治理中扮演着领导和协调的角色，通过制定和实施一系列支持政策，可以为社区治理提供资源保障和制度支持。例如，政府可以通过资助社区公益组织、鼓励企业社会责任投资、提供税收优惠等方式，调动社会各界参与社区治理的积极性。此外，积极推进社区治理创新实验和示范项目，推广先进的治理模式和经验，探索适合不同社区的治理路径，为其他社区提供可借鉴的示范效应。

社区文化和社区精神是社区治理的重要软性资源，具有不可忽视的作用。建设积极向上、团结互助的社区文化，可以增强社区凝聚力和提升居民归属感，为实现共同富裕目标提供精神动力。通过组织社区活动、开展社区文化宣传，培养居民的集体意识和共同价值观，可以促进社区成员之间的理解和信任，提升社区治理的社会资本。同时，弘扬社区精神，倡导互助共济、和谐共生的社区理念，可以为社区治理注入持续的内生动力，推动社区持久健康发展。

通过充分挖掘和利用社区治理的潜在机遇，可以实现共同富裕目标下的社会工作与社区治理创新。社区治理不仅是社区管理的一种方式，更是实现共同富裕的基础和保障。通过技术创新、资源整合、居民参与、政策支持和文化建设的多维度协同发展，社区治理可以在实现社区整体福利提升、社会公平和谐、居民幸福感增强等方面发挥重要作用。这不仅有助于实现共同富裕的目标，也为构建更加公正、繁荣、稳定的社会提供了坚实基础。

三、政策支持与引导

共同富裕不仅是经济增长的目标，更是社会全面进步的标志，社会工作与社区治理在其中担当重任。要推动社会工作和社区治理的创新实践，政策的支持与引导不可或缺，各级政府需要积极出台并执行相关政策，提供有效的制度保障，使社会工作和社区治理能够在正确的轨道上有序推进。

首先，在政策制定层面，应着重加强社会工作的立法建设，建立健全相关法律法规体系，为社会工作者提供明确的法律依据和操作框架。现阶段，社会工作与社区治理的相关法规仍不完善，部分政策执行缺乏强制力和持续性，容易导致政策落地时受到阻碍。因此，有必要进一步细化和完善社会工作法及其配套法规，明确各级政府、非政府组织和社会工作者的职责任务，确保各项政策能够有效落实。

其次，政府应加大对社会工作与社区治理的财政支持力度。财政支持是社会工作与社区治理推进的物质基础，大量创新实践往往需要资金保障才能顺利进行。在共同富裕的视角下，应该建立起稳定的财政支持机制，对优秀的社会工作和社区治理项目给予资金或奖励，鼓励更多社会组织和个人投身于这一领域。同时，还要考虑到基层政府和社会组织的执行能力差异，通过专项资金、资金补助、税收优惠等多种方式，确保财政支持能够精准且高效地发挥作用，避免资金浪费和分配不均。

政府需注重政策的引导作用，通过制定一系列激励政策，鼓励社会工作和社区治理的创新。引导政策不仅体现在物质激励上，还应包括精神激励和制度保障。可以建立和完善社会工作者职业发展通道，通过职级晋升、绩效奖励等方式，提高社会工作者的职业认同感和工作积极性。政府可以通过组织评选优秀社会组织和个人，给予公示和表彰，从而提升社会工作和社区治理在公众中的影响力，让更多人了解、支持并参与进来。

政策支持与引导并不局限于国内，还包括国际合作与借鉴国外经验。共同富裕是全球关注的议题，许多国家在社会工作与社区治理方面积累了丰富的实践经验。政府可以通过签署合作协议、组织国际学术交流等方式，学习和借鉴国际先进经验，根据国情将其本土化，形成适应我国国情的理论和实践体系。这种国际交流与合作不仅能够提升我国社会工作与社区治理的水平，还能促进各国在共同富裕目标下的互利共赢。

此外，政府还需重视数据的支持与引导。现代社区治理和社会工作需要依托大数据和信息化手段，精准把握社区和个体需求。政府应牵头建设和维护覆盖广泛、内容丰富的社会工作和社区治理信息数据库，为各项工作提供数据支持。同时，通过发布报告、公告等方式，定期向社会反馈政策执行情况和效果，提升政策透明度，使政策支持不流于形式，而真正成为社会工作和社区治理的有力保障。

政策的社会宣传和舆论引导同样重要。政策出台后，需要通过多种渠道进行广泛宣传和解读，使广大社会工作者、社区居民和社会各界都能够准确理解政策内容和政策意图。通过新闻报道、专题讲座、宣传手册等多种形式，提升社会对政策的知晓度和认同感，增强社会各界的参与和支持力度。同时，政府可邀请专家学者深入解读政策，组织社区讨论和反馈，形成群众共识，确保政策执行过程中的透明度和公平性，减少误解和抵触情绪。

政策评估与反馈机制的建立是政策支持与引导的重要环节。只有通过科学的评估机制对政策执行效果进行定期评估，总结成效、发现问题、改进政策，才能确保政策始终高效、科学。在这个过程中，可以借助第三方评估机构进行独立评估，广泛听取基层反馈，形成闭环管理，以动态调整政策，增强政策的前瞻性和灵活性。

在共同富裕目标下，社会工作与社区治理的政策支持与引导必须坚持以人为本的理念，注重政策的长效性、接地气性和可操作性。从顶层设计到具体措施，从资金保障到舆论引导，从国内政策到国际经验，要形成一整套系统化、科学化、多元化的政策体系，为社会工作与社区治理的创新实践提供坚实的保障。只有在这样的政策支持与引导下，社会工作和社区治理才能真正实现创新发展，为共同富裕的实现贡献力量。

第六节　科技创新在社会工作与社区治理中的应用前景

一、科技赋能的主要领域

科技赋能社会工作与社区治理，涉及诸多关键领域，旨在提升社区服务效率、优化资源配置、强化社区凝聚力，以实现共同富裕的目标。具体而言，科技创新主要赋能以下几个领域：数据驱动的精准服务、智能化管理系统、线上线下融合的社区互动平台、大数据与人工智能的决策支持、智慧养老与健康管理、社区安全与环境保护。

数据驱动的精准服务显著提升了社会工作的及时性与个性化水平。通过建立全面的数据收集与分析系统，可以更有效地了解社区成员的需求和问题。这些数据可以来源于社区访问、在线问卷、居民日常活动等多种渠道，从而形成全面、动态的社区画像。基于这些数据，社会工作者能够制定更精准的服务策略，及时发现并解决潜在问题，最大限度地满足居民的多样化需求。此外，数据驱动的精准服务还可以动态调整服务策略，在突发事件或特殊时期展现出更强的应对能力和更大的服务弹性。

智能化管理系统在社区治理中的应用，主要体现在提升工作效率和优化资源配置方面。借助物联网技术和智能设备，社区管理者可以实时监控社区基础设施的运行状态，及时发现并修复故障，避免资源浪费和安全隐患。智能化管理系统还可以通过对社区内各类设施的智能调控，实现节能减排和绿色发展。例如，智能灯光控制系统可以根据人流量自动调节亮度，智能垃圾分类系统可以引导居民进行正确的垃圾投放，从而大大提升社区管理的精细化水平。

线上线下融合的社区互动平台在促进居民参与和加强社区凝聚力方面起到了重要作用。通过移动互联网和社交媒体技术，社区互动平台可以将社区活动和服务信息及时传达给居民，激发他们的参与热情。居民可以通过平台提交意见和建议，与社区管理者进行实时沟通，甚至发起或参与社区公益活动。线上线下的有机结合，不仅丰富了社区文化活动的形式和内容，还增强了居民对社区的认同感和归属感，从而构建起更加紧密和谐的社区关系网络。

大数据与人工智能的决策支持极大地提升了社区治理的科学性和前瞻性。通过对海量数据进行深度分析，人工智能系统能够识别出社区治理中的潜在风险和关键问题，提供科学、准确的决策建议。例如，在公共卫生管理方面，人工智能系统可以通过对居民健康数据的分析，预测流行病的传播趋势，为社区防控措施的制定提供参考。在公共安全管理方面，智能监控系统可以通过行为识别和异常检测技术，及时发现并预警潜在的安全隐患，从而提升社区安全管理的精度和效率。

智慧养老与健康管理是科技创新赋能社区服务的另一重要领域。随着老龄化社会的到来，社区养老需求日益增长。借助智能设备和健康数据管理系统，社区可以为老人提供个性化的健康管理服务。例如，智能手环可以实时监测老人的身体状况，并将数据上传至健康管理平台，医生和护理人员可以根据实时数据作出专业的健康指导和干预措施。与此同时，社区养老服务平台可以整合线上的医疗资源和线下的社区服务，形成一体化的养老服务网络，满足老人全方位、多层次的养老需求。

社区安全与环境保护是科技创新赋能社区治理的关键领域之一。在社区安全方面，智能安防技术的应用显著提升了社区的整体安全水平。例如，智能视频监控系统可以通过人脸识别、行为分析等技术，及时发现和预警异常行为，从而防止犯罪和意外事件的发生。此外，社区可以借助智能门禁系统，实现对人员出入的精准管理，提高社区的整体安全性。在环境保护方面，智能传感器和物联网技术可以对社区环境进行实时监测，包括空气质量、水质等方面的数据。这些数据可以帮助社区管理者及时了解环境变化，采取相应措施，保证居民的生活环境质量达到标准。

二、数字化社区治理案例

多元化的数字化社区治理案例展示了科技在社会工作和社区治理中的巨大潜力和广泛应用。通过数字化技术的创新实践，社区治理不仅变得更加高效和透明，还增强了居民的参与感和信任感，推动了共同富裕目标的实现。

某市在数字化社区治理方面率先探索，推出了一款名为"智慧社区综合管理平台"的系统。这个平台整合了社区的各种服务资源，如医疗、教育、安全以及环境管理，通过大数据和人工智能技术，实时分析和处理社区的问题和需求。平台实时监控社区的环境状况，包括空气质量、水质、噪音污染、垃圾处理等指标，让管理者能够第一时间发现问题并采取措施。平台还提供了便民服务，如在线预约、智能门禁、设备租赁等，提升了居民的生活便利性和满意度。在安全管理方面，平台通过智能监控和人脸识别技术，及时识别并预警潜在的安全隐患，保障了社区的安全稳定。

另一个突出的案例是某社区在街道和民生事务管理中引入了区块链技术。通过区块链的去中心化和不可篡改的特点，社区的财务账目、物资分配以及公共决策过程变得更加透明和可信。居民可以通过区块链平台参与社区事务的监督和决策，促进了社区的民主治理氛围。这种新型管理模式不仅提高了社区事务透明度，还增强了居民的参与感和信任感，从而提升了社区的凝聚力和协作精神。

智能设备在数字化社区治理中的应用也不容忽视。某地社区引入了智能垃圾分类系统，通过RFID标签和物联网技术，实时监测居民的垃圾分类情况，对积极参与垃圾分类的居民给予奖励，对不合规的行为进行提示和引导。这一系统不仅提高了垃圾分类的效率，还通过数据分析发现居民在环保意识方面的盲点，并开展有针对性的教育和引导。社区还引入了智能照明系统，通过物联网技术实现路灯的智能调节，根据人流量和光线强度自动调整亮度，既节约了能源，又提高了居民的夜间安全感。

社交媒体和移动应用的普及也为数字化社区治理带来了新的契机。某社区通过开发一款专属的社区应用，有效整合了社区内的各类信息和服务。居民可以通过应用随时了解社区的最新动态，参与社区活动，反馈意见和建议。社区管理者也可以通过应用发布通知，收集居民的需求和问题，从而及时调整和优化管理服务。应用内还设有在线互助平台，居民可以发布求助信息或提供帮助，促进了邻里之间的互助和交流。

数字化技术不仅提高了社区治理的效率，还丰富了社会工作者的工具箱。社会工作者通过数据分析平台，能够更准确地识别和评估社区内的脆弱群体，从而提供更精准的服务。某社区引入了"大数据+社会工作"的模式，通过分析大数据，掌握社区内老人、残疾人、低收入家庭等群体的分布和需求，制定个性化的帮扶方案。社会工作者可以通过智能设备，实时追踪服务对象的健康状况和生活情况，及时给予相应的支持和帮助。这种模式不仅提升了社会工作的针对性和有效性，还缓解了社会工作者的工作压力，提高了服务质量和效率。

三、人工智能在社会工作中的应用

人工智能（AI）在社会工作中的应用展望扮演着重要角色，它为社会工作者和社区治理提供了先进的工具和方法，显著提升了工作效率、精度和效果。人工智能具有强大的数据处理能力和分析能力，这为社会工作带来了前所未有的可能性。通过大数据分析、机器学习和自然语言处理等先进技术，人工智能可以更深入地理解和解决社会问题。

人工智能在社会工作中的应用，首先体现在数据分析和信息处理方面。社会工作涉及大量的客户信息、案例数据和社会资源。传统方式下需要大量人工处理，既耗时又容易出错。人工智能技术可以通过对大量数据进行高速处理和分析，快速发现数据中的模式和趋势，帮助社会工作者更准确地评估和诊断问题。例如，在心理健康领域，人工智能可以通过分析患者的语音、文字和行为数据，识别出潜在的心理问题，并提供个性化的干预建议。这不仅提高了服务的准确性和效率，也为早期干预提供了可能。

其次，人工智能在社会工作中的应用还表现在智能化服务和个性化支持方面。通过自然语言处理技术，人工智能可以实现自动化客服和智能问答系统，为社会工作者和服务对象提供及时、准确的支持。例如，智能客服可以24小时在线解答社会服务相关问题，减少社会工作者的工作负担，同时提高服务对象的满意度。人工智能还可以根据服务对象的具体情况和需求，提供个性化的服务方案。通过对历史数据的分析，人工智能能够预测服务对象的需求变化，推出针对性的计划和措施，从而更有效地满足服务对象的需求。

在资源优化配置方面，人工智能同样展示了巨大潜力。社会资源的分配和使用一直是社会工作中的难点和痛点，人工智能可以通过数据分析优化资源配置。通过对不同区域、不同群体的需求与资源进行分析和匹配，AI可以帮助社会工作机构实现资源的最优配置，保证资源能够高效地用于最需要的地方。例如，AI可以预测某个社区在未来一年中的医疗资源需求，并及时进行资源调配，防止资源浪费或短缺。

此外，人工智能在社会工作中还可以用于风险评估和应急响应。社会工作涉及的很多问题具有突发性和高风险性，人工智能可以通过实时监测大数据，快速识别潜在风险。例如，通过对社交媒体、新闻报道和其他公开数据的监测，AI可以提前预警社会不稳定因素，帮助政府和社会工作者及时采取措施，防止危机事件的发生。人工智能的快速响应能力，使得社会工作者可以更及时地获取信息，制定应对策略，提高应急响应的效率和效果。

人工智能同样可以在社会工作培训和专业发展的方面发挥重要作用。社会工作者的专业水平直接影响到服务效果，而培训资源和机会往往有限。人工智能可以通过在线教育平台、虚拟现实（VR）培训等方式，为社会工作者提供更加灵活和多样化的培训资源。例如，人工智能能够根据社会工作者的学习进度和需求，推荐定制化的学习内容，提高培训的针对性和效果。通过模拟真实的工作情境，让社会工作者在虚拟环境中进行操作，提升他们的实践能力和应对复杂情况的能力。

尽管人工智能在社会工作中的应用前景非常广阔，但也需要注意其面临的挑战和问题。这些问题包括数据隐私和安全、算法偏见和伦理道德等。社会工作者在使用人工智能技术时，必须严格保护服务对象的隐私，防止数据滥用。同时，算法设计和使用过程中，需要防止因数据偏见导致的不公平结果，确保人工智能服务的公正性和包容性。对社会工作者来说，必须具备一定的技术素养和伦理意识，才能在实践中有效地利用人工智能。

从长远来看，为了实现共同富裕的目标，人工智能在社会工作中的应用将会越来越深入和广泛。通过不断创新和改进技术，人工智能可以为社会工作提供更多新思路和新方法，促进社会的和谐与发展。在未来，人工智能与社会工作将更加紧密结合，形成一个智能化、数据驱动的社会工作新模式，为共同富裕和社会进步贡献更大的力量。

参考文献

［1］田燕.乡村振兴背景下社会工作参与农村社区治理的路径探究［J］.智慧农业导刊，2024，4（14）：76-79.

［2］闻英，丛震宇.社会工作参与共同富裕的内在逻辑与实践路径［J］.郑州轻工业大学学报（社会科学版），2023，24（06）：88-95.

［3］黄海平，李思琦，张文浩.乡村振兴背景下农村社会工作实践教学模式研究——以仲恺农业工程学院社会工作专业为例［J］.黑龙江粮食，2023（11）：116-118.

［4］林霄.城市社区"五社联动"促进共同富裕的实践探索与政策优化——以福建省福州市J社区为例［J］.发展研究，2023，40（07）：71-76.

［5］乌洞高娃.民族地区"社工+老年志愿者"联动模式的实践研究——以Y社工站志愿服务为例［D］.呼和浩特：内蒙古大学，2023.

［6］张诗蕾."五社联动"背景下D社区时间银行运行机制研究［D］.包头：内蒙古科技大学，2023.

［7］谭紫阳.社会工作参与基层社会治理的实践逻辑研究——以永州市L区街镇社工站建设为例［D］.长沙：中南大学，2023.

［8］易钰.系统理论视角下"双工联动"模式研究——以"奶奶帮"项目实践为例［D］.长沙：中南大学，2023.

［9］王强.社区治理平台的实践困境研究——以C市高新区S街道社工站建设为例［D］.长春：吉林大学，2023.

［10］张学文.社会工作视角下数字化赋能农村社区治理的研究［D］.武汉：华中农业大学，2023.

［11］朱怀荣.乡镇（街道）社工站的专业优势研究——以贵阳市H县L社工站为例［D］.贵阳：贵州民族大学，2023.

［12］潘泽泉，罗宇翔，曾木，等.经由中国式现代化推进中国社会工作发

展［J］.社会工作与管理，2023，23（03）：5-14.

［13］关钰蕾.共建共治共享：城市社区治理共同体建构研究［D］.长沙：中南大学，2023.

［14］杜凌宇.社会工作参与民族地区农村社区治理研究——以西阳县Z村为例［D］.烟台：鲁东大学，2023.

［15］路连芳.发挥四个平台作用促进民政服务质效提升——山东省社工站建设的实践探索［J］.中国民政，2023（08）：56-57.

［16］顾乔杰.促进社区多元主体联动的社会工作实务研究——以Y社区为例［D］.杭州：浙江师范大学，2023.

［17］陆嘉欣.社会资本视角下社区慈善基金发展路径研究——以广州市A社区慈善基金为例［D］.广州：华南理工大学，2023.

［18］刘芳，吴华芬，徐兴文.共同富裕背景下农村特困老人社会救助社会工作模式探索——以Z区阳光计划为例［J］.曲靖师范学院学报，2023，42（02）：47-52.

［19］李迎生.中国式现代化新征程中的社会工作研究［J］.中国特色社会主义研究，2023（01）：12-19.

［20］盖艺伟.聚力与社工参与：老旧社区的协同改造路径研究——以杭州M社区为例［D］.杭州：浙江工商大学，2023.